五年制高等职业教育教材

语文 ④

总 主 编⊙王劲松
本册主编⊙吴晓冬
本册副主编⊙张　珺　张全亮　张银星
　　　　　　崔　丹　李元元

北京师范大学出版集团
BEIJING NORMAL UNIVERSITY PUBLISHING GROUP
安徽大学出版社

图书在版编目(CIP)数据

语文.4/吴晓冬主编.—合肥:安徽大学出版社,2019.12
五年制高等职业教育教材
ISBN 978-7-5664-1835-7

Ⅰ.①语… Ⅱ.①吴… Ⅲ.①大学语文课－高等职业教育－教材 Ⅳ.①H193.9

中国版本图书馆 CIP 数据核字(2019)第 086416 号

语文 4　　　　　　　　　　　　　吴晓冬　主编

出版发行:	北京师范大学出版集团 安 徽 大 学 出 版 社 (安徽省合肥市肥西路 3 号邮编 230039) www.bnupg.com.cn www.ahupress.com.cn
印　刷:	合肥现代印务有限公司
经　销:	全国新华书店
开　本:	170mm×240mm
印　张:	14.75
字　数:	210 千字
版　次:	2019 年 12 月第 1 版
印　次:	2019 年 12 月第 1 次印刷
定　价:	38.00 元
ISBN	978-7-5664-1835-7

策划编辑:马晓波　钱翠翠　　　　　　装帧设计:张同龙
责任编辑:马晓波　钱翠翠　　　　　　美术编辑:李　军
责任印制:陈　如　孟献辉

版权所有　侵权必究
反盗版、侵权举报电话:0551-65106311
外埠邮购电话:0551-65107716
本书如有印装质量问题,请与印制管理部联系调换。
印制管理部电话:0551-65106311

前言

习近平总书记在全国教育大会上指出：培养什么人，是教育的首要问题。要把立德树人融入思想道德教育、文化知识教育、社会实践教育各环节，培养德智体美劳全面发展的社会主义建设者和接班人。国务院《关于加快发展现代职业教育的决定》强调："在保障学生技术技能培养质量的基础上，加强文化基础教育，实现就业有能力、升学有基础。"

以初中为起点的五年制高等职业教育，主要培养兼具较高文化素质和专业技术技能的专门人才。"语文"作为五年制高等职业教育各专业必修的公共基础课，是学习文化基础课和专业技能课的基础与前提。

为提高五年制高职学生的文化素质，确保五年制高等职业教育质量，我们编写了本套教材。

一、宗旨与目的

本套教材的编写宗旨与目的为：以美育为主线，以能力为核心。

(1) 体现育人功能，使学生能够努力向真、向善，做一个讲诚信、有道德的人。

(2) 提升审美能力，使学生善于发现美、鉴赏美，做一个爱生活、有品味的人。

(3) 强调思辨能力，使学生能够思考、规划人生，做一个思进取、有追求的人。

(4) 提高实践能力，使学生能听会说、爱读善写，做一个能学习、善表达的人。

二、框架安排

本套教材分四册，每册5个单元，每单元选文5篇，以内容主题为划分标准。每单元后面分别安排"口语交际训练""应用写作""基础写作"和"综合实践活动"等内容，从听、说、读、写等方面对学生进行专题训练。另外，每本书最后都有附录，内容主要是一些常识性、法规性和工具性的知识，以拓展学生的视野，提升他们的综合能力水平。

三、选编原则

1. 内容经典性与当代性的融合

(1) 教育的本质首先是接受，是传承，是将受教育者变成有历史感、有深度的人。经典是经过几代人的淘洗筛选得来的，代表了我们无法逾越的历史和必须了解的传统。其次，从经典的定义来看，经典同时体现着复杂的价值、立场、趣味。当某一作品所包含的信息、所传达的经验具有普适性时，它成为经典的可能性就越大，对个体的塑造功能也越大。

(2) 语文教育的目的主要不是让学生去读史讲典，而是学会以汉语语言为工具，毫无阻隔地融入到当下的生活之中。而最便捷的方式无过于将当代作品引入教材，它意味着将当代人的生活、精神与价值引入课堂，将当代的文体、文风、语言状况与表达方式引入课堂。

2. 内容地方性与世界性的统一

(1) 地方性是本套教材的特色之一，首先是立足地方，了解自己，然后才能更好地了解世界。第一册第一单元选编内容以安徽省为对象，内容包括安徽的自然风光、风土人情、非物质文化遗产等。

(2) 适当选取了外国文学作品，帮助学生了解普适性的价值追求，同时能够接受、思考差异性的存在。开阔视野，了解部分国外习俗文化等。

3. 内容的深度与适切度的调合

考虑到五年制高职学生特点，既选了经典美文，发挥经典文本引领作用，提高学生文本鉴赏能力，又选择了一些浅显易懂、富有情趣的文章，提高学生的阅读兴趣。

　　本套教材的编写者均为一线教师，具有丰富的教学经验，希望能为五年制高等职业教育奉献自己的一份力量，为广大五年制高职学生的成长贡献自己的光与热。

　　教材编写过程中，我们学习参考了有关资料，对于资料的原作者，谨表深深的谢意。

　　由于时间仓促，书中可能会有不妥之处，恳请广大师生在使用过程中提出宝贵意见，以便我们及时进行修订。

编者
2019 年 5 月

第一单元　世界风情

1　华尔街寓言 …………………………………… 陈世旭 / 004

2　威尼斯 ………………………………………… 朱自清 / 008

3　在斜塔下 ……………………………………… 穆青 / 015

4　金字塔的启示 ………………………………… 韩北屏 / 022

5　在"海的女儿"铜像面前 …………………… 叶君健 / 029

口语交际训练：求职面试（上） ………………………… 036

第二单元　学会感恩

6　学会感恩 ……………………………………… 肖复兴 / 044

7　我的母亲 ……………………………………… 老舍 / 048

8　两个感恩节的绅士 …………………………… 欧·亨利 / 056

9　大堰河——我的保姆 ………………………… 艾青 / 061

10 陈情表 ·· 李密 / 068

应用写作练习：简历与求职信 ··· 073

❦ 第三单元　生命赞歌 ❧

11　石缝间的生命 ·· 林希 / 086

12　老人与海（节选） ·· 海明威 / 090

13　士兵突击（节选） ·· 兰晓龙 / 105

14　热爱生命（节选） ···································· 杰克·伦敦 / 113

15　歌词二首 ·· 122

　　隐形的翅膀 ·· 王雅君 / 122

　　怒放的生命 ·· 汪峰 / 123

口语交际训练：求职面试（下） ·· 126

❦ 第四单元　夕阳之歌 ❧

16　好雪片片 ·· 林清玄 / 138

17　最后一片叶子 ··· 欧·亨利 / 143

18　苏格拉底之死 ·· 柏拉图 / 151

19　对话四则（节选） ·· 史铁生 / 158

20 归田赋 ·· 张衡 / 167

基础写作练习：议论文 ·· 171

第五单元　成功之路

21 我的信念 ·· 居里夫人 / 180

22 傅雷家书（节选） ·· 傅雷 / 184

23 失败了以后 ·· 林语堂 / 190

24 要有成功的信念 ·· 拿破仑·希尔 / 194

25 走向社会 ·· 亚伦·亚达 / 200

综合实践活动：模拟应聘 ·· 205

附　录

常用礼仪知识 ·· 211

第一单元

世界风情

单元导语

  读万卷书，不如行万里路。一个人的眼界决定他的境界，一个人生活的广度决定他的优秀程度。世界越来越小，了解整个世界将成为我们的必修课。只有我们看到的世界大了，才能更加宽容，才能更加坦荡。

  本单元围绕"世界风情"这一主题选取了5篇文章，《华尔街的寓言》从认识社会与人生的哲学视角重新审视美国纽约市曼哈顿区闻名于世的华尔街的地位。《威尼斯》实现了风情与游踪的整合，再造出新的艺术景象。让我们循着文章时空交叉的线索，做一次威尼斯的梦游吧。《在斜塔下》，作者以真挚的情感对比描述斜塔的畸形和塔下老妇人的畸形，表达对被压迫在社会最底层的弱者深切的同情。《金字塔的启示》用独具匠心的艺术手法和鲜明的艺术形象，表达对瞬间与永恒、权力与生命的深层次思考。《在"海的女儿"铜像面前》则以丹麦哥本哈根市"海的女儿"铜像为写作焦点，引发人们对小人鱼的人生理想和境界的进一步感悟。

  本单元口语交际训练为求职面试（上），主要介绍了面试的概念、面试介绍的内容以及面试介绍的具体做法，希望同学们通过学习掌握面试介绍的相关知识。

1 华尔街寓言①

陈世旭

•课文导读•

华尔街是美国纽约市曼哈顿区南部从百老汇路延伸到东河的一条大街道的名字，是英文"Wall Street"的音译。街道狭窄而短，从百老汇到东河仅有7个街段，却以"美国的金融中心"闻名于世。"华尔街"一词现已超越这条街道本身，对很多人来说，它代表财富和奇迹，是点石成金、一夜暴富的代名词。华尔街曾成就了亿万富豪，但随着次贷危机波及全球金融市场，这里也成为很多人眼中的罪恶之源。文章以平实的笔触，向我们娓娓道出了华尔街的地位。细细读来，可以帮助我们认识社会与人生的哲学意义。

12月早上的华尔街，很阴冷。还不到上班时间，街上安安静静。小风穿街而过，让人不由倒吸一口冷气。很难想象，这条美国最牛的街，在国际金融界呼风唤雨的"神经中枢"，长仅一华里②，宽只有十来米；很难想象这条短短的、瘦瘦的街，竟然容纳了十万金融骄子，每天上下班时间在这里潮涌潮退，拥堵不堪；聚集了各大银行、信托公司③、保险公司和交易所，甚至还塞进过世贸大厦双子塔那样的巨无霸。

---

① 选自《读者（精华版）》2008年12月。陈世旭(1948—)，江西南昌人，作家、诗人，主要作品有《小镇上的将军》《镇长之死》《惊涛》《马车》等。
② 【一华里】等于500米。
③ 【信托公司】以信任委托为基础、以货币资金和实物财产的经营管理为形式，融资和融物相结合的多边信用行为的公司。

这里寸土寸金，人人都想用有限的空间争取最大的收益，建筑间距之小，使人压抑。两边的大楼把街道逼成峡谷，抬头是一线天。阳光只能投在摩天大楼的尖顶，给阴暗平添一抹亮色。

大名鼎鼎的纽约证券交易所的正门不在华尔街主道，而是躲在旁边一个不起眼的支道的拐角上，入口处很小，如果不是警卫站岗，决看不出它是个要地。"9·11"[①]的伤痕至今未愈，街上设置了路障，警察和军人带着警犬、重武器以及最先进的卫星定位系统。债券股票交易大厅禁止参观。戒备森严，如临大敌。

华尔街

斜对面古老罗马式的联邦厅是最早的美国国会大厦。门口矗立着开国总统华盛顿的全身塑像，那正是他当年宣誓就职的位置。在这个几乎没有古迹的国家，这座大楼是一级保护的国宝级建筑。

华尔街是美国的发祥地，但华尔街作为政治中心的日子很短暂，那座国宝级的建筑早已被各大金融机构丛林淹没。台阶上的华盛顿两百多年来默默注视着华尔街一天天成长。

1790年后，国都迁徙，华尔街成了商人聚居之地，他们组织起证券交易所发行债券和股票。原始积累赤裸裸、血淋淋的拼抢、欺诈、恫吓[②]和你死我活，

---

① 【9·11】2011年9月11日美国纽约世界贸易中心发生一系列恐怖袭击事件。
② 【恫吓（dòng hè）】吓唬。

让所有人都感到了有制定游戏规则的必要,华尔街因此成了西方经济和金融的第一块样板。19世纪以来,华尔街一直控制着世界的经济命脉,经久不衰。

随着全球化的日益加速,这里的一举一动立即就会波及世界的每一个角落。尽管随着信息技术和远程交易的兴起,华尔街的世界金融中心地位遭到挑战,"9·11"又加剧了证券金融巨头的撤离,华尔街有一天会不再是金融界在地理概念上的心脏,但也永远会是精神意义上的中心。

"华尔街历史的主题,就是金融与政府之间的曲折关系。"[1]华尔街不仅通过政治捐款影响大选,还输出精英影响政治决策。

克利夫兰总统不得不接受趁火打劫的老摩根极其苛刻的条件,以使其拿出美元帮助政府救市,阻止足以将美国经济拖入深渊的金融危机;华尔街金融巨头梅隆执掌过哈定、柯立芝和胡佛三位总统的财政大权,影响力之大,被戏称"三个总统为他打过工"。

高盛公司董事长鲁宾就任财长六年,美国经历了和平时期周期最长的经济繁荣,克林顿叹为"自汉密尔顿以来最伟大的财长";现任总统布什[2]班子中,因为包括财长鲍尔森在内的许多来自华尔街的面孔,人称"华尔街精英白宫再聚首"。而在未来的日子里,华尔街与白宫金融加政治的权力传奇还将代代上演。

华尔街是财富和奇迹的别名,但它并不创造产值,只凭买空卖空、低进高出点石成金。大亨们坐飞机来去,白领们在路上奔命。

交易大厅里,每天的股票交易高达25亿股,每笔需时不到一分钟。华尔街制造了无数一夜暴富的神话,也制造了无数瞬间赤贫[3]的悲剧。最有名望

---

[1] 查里斯·吉斯特著,敦哲、金鑫译:《华尔街史》,北京:经济科学出版社,2004年。

[2] 【布什】指乔治·沃克·布什(别称"小布什"),美国第43任总统(第54届、第55届),于2001至2009年间担任美国总统。

[3] 【赤贫】穷得一无所有,极其贫穷。

的企业股票也保不齐下跌失控，让几百万人破产。

华尔街是一条石头小街，也是一条黄金大道；是一个神秘的谜，也是一个凶险的梦；是强者博弈①的天下，也是弱者挣扎的地狱。

华尔街一端，作为其标志，长5米、重6300公斤的巨大铜牛牛气冲天地当街而立，被无数祈求好运的手摸得通体锃亮②；另一端，是17世纪建筑的三一教堂，边上是排满墓碑的公墓。

两端之间，步行最多20分钟。在哲学的意义上，短促得就像人生。

思考与练习

一、阅读课文，可以看出美国华尔街的历史地位有什么变迁？

二、文中写"寓言"到底说明了华尔街是一个什么样的寓言？

三、阅读全文后，你觉得文中写出怎样的社会与人生？你有什么感悟？

四、课文结尾处写道："在哲学的意义上，短促得就像人生。"你有什么感触？

五、读读记记

1. 金钱和时间是人生两种最沉重的负担，最不快乐的就是那些拥有这两种东西太多，却不知怎样使用的人。 ——【英国】约翰生

2. 金钱是好的仆人，却是不好的主人。 ——【英国】培根

---

① 【博弈】古代指下围棋，也指赌博。比喻为谋取利益而竞争。
② 【锃（zèng）亮】反光发亮。

2 威尼斯①

朱自清

· 课文导读 ·

1931年8月到1932年7月，朱自清留学英国伦敦，并漫游欧洲大陆，途中记下见闻，辑成《欧游杂记》《伦敦杂记》，介绍了罗马、巴黎、柏林、威尼斯等名城的文化古迹、自然风光和民族风习。

本文以空间转移为主体导向，首先勾画出城市的全貌和总体布局，然后以威尼斯最著名的圣马克广场为描写中心，围绕这个中心，作者选择了圣马克堂、公爷府、运河、圣罗珂堂、佛拉利堂、公园进行描写，逐层描述建筑、音乐、绘画、工艺品等方面的代表作，表现了威尼斯文化艺术华妙庄严的特色。

文章采用了风情与游踪双线交叠的手法，时而游踪，时而风物，分散重合，穿插交融，重构出一种和谐的美。

威尼斯②（Venice）是一个别致地方。出了火车站，你立刻便会觉得：这里没有汽车，要到哪儿，不是搭小火轮，便是雇"刚朵拉"③（Gondola）。

---

① 选自《朱自清文集精选：漫步荷塘，月色无边》（北京联合出版公司2016年版）。朱自清（1898—1948），现代杰出的散文家、诗人、学者、民主战士，主要作品有《背影》《欧游杂记》《伦敦杂记》《你我》等。
② 【威尼斯】意大利北部威尼托大区首府，世界著名的历史文化名城。威尼斯有着"因水而生，因水而美，因水而兴"的美誉。它位于欧洲亚得里亚海滨，周围被海洋环绕，由118个岛屿组成，只有西北角一条长堤与大陆相通，有"水城""百岛城"之称。
③ 【刚朵拉】独具特色的威尼斯尖舟，是威尼斯人代步的工具。

大运河穿过威尼斯像反写的S；这就是大街。另有小河道四百十八条，这些就是小胡同。轮船像公共汽车，在大街上走；"刚朵拉"是一种摇橹的小船，威尼斯所特有，它哪儿都去。威尼斯并非没有桥；三百七十八座，有的是。只要不怕转弯抹角，哪儿都走得到，用不着下河去。可是轮船中人还是很多，"刚朵拉"的买卖也似乎并不坏。

威尼斯是"海中的城"，在意大利半岛的东北角上，是一群小岛，外面一道沙堤隔开亚得里亚海①。在圣马克广场②的钟楼上看，团花簇锦似的东一

威尼斯

块西一块在绿波里荡漾着。远处是水天相接，一片茫茫。这里没有什么煤烟，天空干干净净；在温和的日光中，一切都像透明的。中国人到此，仿佛在江南的水乡；夏初从欧洲北部来的，在这儿还可看见清清楚楚的春天的背影。海水那么绿，那么酽③，会带你到梦中去。

威尼斯不单是明媚，在圣马克广场走走就知道。这个广场南面临着一道运河；场中偏东南便是那可以望远的钟楼。威尼斯最热闹的地方是这儿，最

---

① 【亚得里亚海】在意大利与巴尔干半岛之间，通过南端的奥特朗托海与爱奥尼亚海相通，是地中海的一个大海湾。
② 【圣马克广场】威尼斯的政治、宗教和传统节日的公共活动中心。广场四周的建筑从中世纪到文艺复兴时代都有。圣马克是耶稣门徒，威尼斯奉为护国神，建筑了圣马克教堂，教堂前面是圣马克广场。
③ 【酽（yàn）】本义指茶、酒等饮料味厚、液汁浓，这里引申为海水颜色深，下文"酽酽"，是指歌声醇厚。

华妙庄严的地方也是这儿。除了西边，围着的都是三百年以上的建筑，东边居中是圣马克堂，却有了八九百年——钟楼便在它的右首。再向右是"新衙门"①；教堂左首是"老衙门"。这两溜儿楼房的下一层，现在满开了铺子。铺子前面是长廊，一天到晚是来来去去的人。紧接着教堂，直伸向运河去的是公爷府②；这个一半属于小广场，另一半便属于运河了。

圣马克堂是广场的主人，建筑在十一世纪，原是拜占庭式③，以直线为主。十四世纪加上戈昔式④的装饰，如尖拱门等；十七世纪又参入文艺复兴期的装饰，如栏杆等。所以庄严华妙，兼而有之；这正是威尼斯的漂亮劲儿。教堂里屋顶与墙壁上满是碎玻璃嵌成的画，大概⑤是真金色的地，蓝色和红色的圣灵像。这些像做得非常肃穆。教堂的地是用大理石铺的，颜色花样种种不同。在那种空阔阴暗的氛围中，你觉得伟丽，也觉得森严。教堂左右那两溜儿楼房，式样各别，并不对称；钟楼高三百二十二英尺，也偏在一边儿。但这两溜房子都是三层，都有许多拱门，恰与教堂的门面与圆顶相称；又都是白石造成，越衬出教堂的金碧辉煌来。教堂右边是向运河去的路，是一个小广场，本来显得空阔些，钟楼恰好填了这个空子。好像我们戏里的大将出场，后面一杆旗子总是偏着取势；这广场中的建筑，节奏其实是和谐不过的。十八世纪意大利卡那来陀⑥（Canaletto）一派画家专画威尼斯的建筑，取材于

---

① 【新衙门】指新市政府，下文"老衙门"指老市政府。
② 【公爷府】就是总督府。
③ 【拜占庭式】指4—15世纪在以君士坦丁堡（即古希腊城市拜占庭）为中心的拜占庭帝国（即东罗马帝国）兴起和流行的艺术风格，特点是中央有大圆顶，内部有金碧辉煌的装饰，多用于教堂建筑。
④ 【戈昔式】戈昔也译作哥特，是一种建筑形式，正面朝西，分三层。下层三座尖拱门。上层是栏杆。最上层两座钟楼，两楼间露出后面尖塔的尖儿。流行于欧洲12—16世纪，一般用尖拱和尖塔、轻盈通透的飞扶壁、修长的立柱和彩色玻璃镶嵌的窗子，多用于教堂建筑。
⑤ 【大概】这里是"大多""大抵"的意思，下文中的"大概"都是这种用法。
⑥ 【卡那来陀】威尼斯画家，名作有《威尼斯景物》等。

这广场的很多。德国德莱司敦画院①中有几张，真好。

公爷府里有好些名人的壁画和屋顶画，丁陶来陀②（Tintoretto，十六世纪）的大画《乐园》最著名；但更重要的是它建筑的价值。运河上有了这所房子，增加了不少颜色。这全然是戈昔式；动工在九世纪初，以后屡次遭火，屡次重修，现在的据说还是原来的式样。最好看的是它的西南两面；西面斜对着圣马克广场，南面正在运河上。在运河里看，真像在画中。它也是三层：下两层是尖拱门，一眼看去，无数的柱子。最下层的拱门简单疏阔，是载重的样子；上一层便繁密得多，为装饰之用；最上层却更简单，一根柱子没有，除疏疏落落的窗和门之外，都是整块的墙面。墙面上用白的与玫瑰红的大理石砌成素朴的方纹，在日光里鲜明得像少女一般。威尼斯真不愧着色的能手。这所房子从运河中看，好像在水里。下两层是玲珑的架子，上一层才是屋子；这是很巧的结构，加上那艳而雅的颜色，令人有惝恍③迷离之感。府后有太息桥；从前一边是监狱，一边是法院，狱囚提讯须过这里，所以得名。拜伦④诗中曾咏此，因而便脍炙人口起来，其实也只是近世的东西。

威尼斯的夜曲是很著名的。夜曲本是一种抒情的曲子，夜晚在人家窗下随便唱。可是运河里也有：晚上在圣马克广场的河边上，看见河中有红绿的纸球灯，便是唱夜曲的船。雇了"刚朵拉"摇过去，靠着那个船停下，船在水中间，两边挨次排着"刚朵拉"在微波里荡着，像是两只翅膀。唱曲的有男有女，围着一张桌子坐，轮到了便站起来唱，旁边有音乐和着。曲词自然是意大利语，意大利的语音据说是最纯粹、最清朗。听起来似乎的确斩截些，

---

① 【德莱司敦画院】也译作德累斯顿绘画陈列馆，在德国东部。
② 【丁陶来陀】也译作丁托列托，文艺复兴时期威尼斯派大画家，名作有《圣马克的奇迹》等。
③ 【惝恍（tǎng huǎng）】意思是迷迷糊糊，不明了，不清楚。
④ 【拜伦】英国19世纪初期伟大的浪漫主义诗人，代表作有《恰尔德·哈洛尔德游记》《唐璜》等，他在诗歌里塑造了一批"拜伦式英雄"。

女人的尤其如此——意大利的歌女是出名的。音乐节奏繁密，声情热烈，想来是最流行的"爵士乐"。在微微摇摆的红绿灯球底下，颤着酽酽的歌喉，运河上一片朦胧的夜也似乎透出玫瑰红的样子。唱完几曲之后，船上有人跨过来，反拿着帽子收钱，多少随意。不愿意听了，还可摇到第二处去。这个略略像当年的秦淮河的光景，但秦淮河却热闹得多。

从圣马克广场向西北去，有两个教堂在艺术上是很重要的。一个是圣罗珂堂，旁边有一所屋子，墙上屋顶上满是画；楼上下大小三间屋，共六十二幅画，是丁陶来陀的手笔。屋里暗极，只有早晨看得清楚。丁陶来陀作画时，因地制宜，大部分只粗粗勾勒，利用阴影，叫人看了觉得是几经琢磨似的。《十字架》一幅在楼上小屋内，力量最雄厚。佛拉利堂在圣罗珂近旁，有大画家铁沁[5]（Titian，十六世纪）和近代雕刻家卡奴洼[6]（Canova）的纪念碑。卡奴洼的，灵巧，是自己打的样子；铁沁的，宏壮，是十九世纪中叶才完成的。他的《圣处女升天图》挂在神坛后面，那朱红与亮蓝两种颜色鲜明极了，全幅气韵流动，如风行水上。倍里尼[7]（Giovanni Bellini，十五世纪）的《圣母像》，也是他的精品。他们都还有别的画在这个教堂里。

从圣马克广场沿河直向东去，有一处公园；从一八九五年起，每两年在此地开国际艺术展览会一次。今年是第十八届；加入展览的有意、荷、比、西、丹、法、英、奥、苏俄、美、匈、瑞士、波兰等十三国，意大利的东西自然

---

[5] 【铁沁】也译作提香，文艺复兴时期威尼斯派最著名的画家，以色彩富丽出名，名作有《圣母升天》《爱神节》等。

[6] 【卡奴洼】意大利著名雕塑家，代表作有《爱神和赛兹》等。

[7] 【倍里尼】也译作贝里尼，他和他的父亲、哥哥都是文艺复兴时期威尼斯派的奠基人，他以画圣母像著名。

最多，种类繁极了；未来派①、立体派②的图画雕刻，都可见到，还有别的许多新奇的作品，说不出路数③。颜色大概鲜明，教人眼睛发亮；建筑也是新式，简截不啰嗦，痛快之至。苏俄的作品不多，大概是工农生活的表现，兼有沉毅和高兴的调子。他们也用鲜明的颜色，但显然没有很费心思在艺术上，作风老老实实，并不向牛犄角里寻找新奇的玩意儿。

威尼斯的玻璃器皿，刻花皮件，都是名产，以典丽风华胜，缂丝④也不错。大理石小雕像，是著名大品的缩本，出于名手的还有味。

思考与练习

一、本文的文眼是什么？作者从哪些方面写威尼斯的美？

二、作者是按照什么顺序来描写威尼斯的艺术美的？威尼斯的艺术美主要体现在哪里？

---

① 【未来派】20世纪初期意大利画家卡拉等创立的画派，特点是表现速度和运动，如画汽车可以画许多轮子，画动物可以画许多条腿。
② 【立体派】20世纪初创立于法国的画派，创始者是毕加索、布拉克等人，特点是把自然形体分解为几何形切面，再组合起来，同时表现物体的几个不同的方面，破坏了客观形体。
③ 【路数】这里指事物的底细。
④ 【缂丝】也叫刻丝，将花草鸟兽的形状织于丝织品上，看起来像雕镂一样的特种工艺美术品，最早产生于我国宋代。

三、威尼斯是"水上之城",主要表现在哪几个方面?

四、作者在哪些地方把强烈的思想感情融注在景物的描绘之中,鲜明地写出了自己的感受?

五、第2段第1句"威尼斯是'海中的城'",在全段中处于什么地位?

六、读读记记

    1.旅行的真谛,不是运动,而是带动你的灵魂,去寻找到生命的春光。

——【美国】梭罗

    2.行路多者见识多。

——【英国】托·富勒

◆ 第一单元 世界风情 ◆

3 在斜塔下①

穆 青

• 课文导读 •

虽然本文是一篇游记散文，但作者没有把笔墨停留在自然景物或风俗人情的叙写上，而是以真挚的情感描述了作者在斜塔下的见闻。通过对斜塔的畸形和塔下老妇人的畸形的具体描写与鲜明的对照，深刻地揭露了资本主义社会对人的冷漠，表达了作者对被压迫在社会最底层的弱者深切的同情。

作者从自己独特的感受出发，以深邃的立意、匠心独运的构思、清新的语言创作出独特的艺术画面，使文章产生丰富的思想内涵和撼人心肺的艺术力量。

比萨，是意大利西部的一个古城。它坐落在阿诺河河口，距离利古里亚海②十二公里。这个人口只有十万多一点的小城，由于保存着许多中世纪的古迹，一向是意大利著名的游览胜地。从文艺复兴的发源地佛罗伦萨城到比萨，乘汽车只要一个多小时，因此，来自世界各地的旅游者总是把这两个城市连在一起游览，这就使得这个古老的小城，终年游人不绝，相当繁荣。

比萨最著名的古迹是斜塔，它建于一一七四年，高五十四点五米。据说

---

① 选自《当代散文鉴赏》（作家出版社 2006 年版）。穆青（1921—2003），原名穆亚才，出生于河南周口，当代著名的新闻记者、报告文学家，主要作品有《穆青散文选》《县委书记的榜样——焦裕禄》《为了周总理的嘱托》《铁人王进喜》《历史的审判》等。

② 【利古里亚海】地中海的一个支海，在科西嘉岛、厄尔巴岛同法国、摩纳哥和意大利沿岸之间，南为科西嘉岛，北为热那亚湾。沿岸是世界著名的疗养区。

当年建造时，由于计算有误，奠基不慎，致使塔身倾斜。没想到正是这一缺陷，却使它成为著名的游览胜地。十六世纪，意大利伟大的科学家伽利略，曾在这里进行过著名的自由落体运动实验，他让两个重量不同的铁球，从塔顶自由落下，结果同时着地，一举推翻了亚里士多德关于重量不同的物体，下落的速度也不同的定理。从此，斜塔就更加名噪全球。多少年来，人们慕名来到这里，既为凭吊伽利略，也是为了观赏这座斜塔与众不同的风貌。

我们到比萨的那天，恰逢久雨初晴。斜塔耸立于绿草如茵的广场上，背衬着蓝天白云，在阳光照射下，显得既奇特而又很有气势。这座塔共高八层，呈圆柱形，塔身底层墙厚两米左右，塔内有楼梯可以直登塔顶。塔身全部是白色大理石砌成，除塔顶和底层外，每层都有回廊，周围都环绕着三十根大理石石柱。从整个造型上看，还是相当漂亮的。斜塔的一边是两座罗马式的教堂，它们和斜塔浑然一体，组成了一个古老的建筑群。

比萨斜塔

我们漫步在塔下，看到塔基南边已经下沉，致使整个塔身严重向南倾斜，斜度有六七度。从塔下向上望去，我总觉得塔上的游人随时有掉下来的危险。向导告诉我，现在塔基仍在继续下陷，很多人都在担心斜塔的倒塌，但苦于找不出什么奇方良策来加以挽救。看来这座经历了八百年风雨侵蚀的古塔，究竟还能保存多久，实在难以预料。

为了要找一个适当的角度，拍下这座古塔的斜姿，我打开相机，在游人中穿来穿去，几次试镜头，都发现一个身穿红衣的怪模怪样的女人，正斜靠在斜塔下不肯离去。她向游人们招手，但谁也没有理睬她，几个准备拍照的人也悄悄地收起相机走开了。

我想走过去看看，但主人迎面拦住我，把我引进塔旁教堂里参观去了。

大约半小时以后，当我们正在教堂里围着向导听他讲解的时候，偶一回头，我又看到那个斜靠在塔下的红衣女人，不知什么时候已悄悄地站在我们身旁。这时，我仔细地打量着她，产生了一种十分离奇的幻觉，好像在这古老的教堂里，忽然出现了一个中世纪①的幽灵。

她是一个六十岁上下的干瘦的老妇人，穿着一身红色的绣着花饰的衣裙，裙子很长，一直拖到脚背，下面露出一双白色的绣花鞋。她头戴一顶大沿软边的女帽，也是红色的，帽上不仅系有彩带，而且装饰着羽毛，这样就更使得她那布满皱纹的面庞，显得格外清癯②。很显然，这套奇特的服饰，决不是现代的时装，不知道她是从哪个时代的旧箱底里翻捡出来的。它是那么陈旧，不仅颜色灰暗，有些地方还露出破烂的痕迹。这种古代王宫贵妇人的装束，人们今天恐怕只有在欧洲古典歌剧和绘画中才能看到了。现在它突然出现于旅游者的行列，总给人一种不伦不类、啼笑皆非的感觉。但，这个老妇人似乎并没有为此感到任何难堪，相反，从她的神色和态度上看，她倒是十分矜持的。

使我感到更加奇怪的是，她的腋下还夹着一把褪色的布伞，两手拎着两个很大的旅行袋，里面鼓鼓囊囊不知装了些什么东西。她静静地站在那里，倾听着向导的讲解，显出一副庄重的、全神贯注的神气。但当向导讲完，大

---

① 【中世纪】欧洲历史上的一个时代（主要是西欧），自西罗马帝国灭亡（476年）到英国资产阶级革命（1640年）的这段时期。另有说法认为中世纪结束于文艺复兴和大航海时代。"中世纪"一词是15世纪后期的意大利人文主义者比昂多开始使用的。
② 【清癯（qú）】指清瘦，一般形容有气质但比较清贫的知识分子。

家纷纷提问的时候，她却开始活跃起来，在人堆里钻来钻去，不时向这个人、那个人流露一种不大自然的笑容，使人觉得她是多么希望引起人们对她的注意呵！

参观的人终于陆续走散了，当我离开教堂的时候，又回头看了看，这空空荡荡的教堂里，只有她一个人站在神龛前，虔诚地做着祈祷。在她的身后，两个大旅行袋正一左一右地陪伴着它们伶仃的主人。……

她究竟是什么人呢？她要干什么呢？我始终带着这样一个疑问，远远地注意着她。不久，我见她又双手提着旅行袋走出教堂，四下张望了一会儿，径向人群稠密的货摊走去。

比萨盛产大理石，斜塔广场的周围，摆满了许多出卖大理石制品的货摊和商亭。那里，游人整天熙熙攘攘，选购纪念品。商贩们热情地招徕顾客，显得特别殷勤，唯独看见她走来，谁也不去招呼她，好像根本没有看见她一样。她本人似乎也丝毫没有注意到别人对她的冷淡，仍然东看看西看看，跟随着那些阔绰的旅游者，悠闲地走来走去，只是我始终没有看见她买过任何一样东西。看到这情景，我再也控制不住自己的好奇心。我问向导，她是不是外来的旅游者？向导耸耸肩膀回答说："不，她是一个谁也不愿问津的活死人。"

接着他告诉我，这个女人就住在比萨，是一个孤寡无依的老太婆。很少人知道她的身世和生活情况，谁也不关心她是否还有什么亲人，只看到她经常这样一身打扮，在天气好的时候，就到这里来游逛。时间一久，当地人早已习以为常了。

"她为什么要这样打扮呢？"

"还不是想让人们把她看作皇后。"

我问向导她是不是有精神病，向导说，也许有，但从没有见她哭闹过。她总是保持那么一种彬彬有礼的样子，没有发生过什么失态的行为。只是近来她不知为什么又手提旅行袋，挤在外国旅游者中间到处走，所以人们背地里都叫她"旅游皇后"。

说到这个戏谑性的绰号，向导眨眨眼睛，笑了。而这些，反倒引起我对这位老妇人的同情。我觉得在她这种失常的行动背后，似乎隐藏着某种精神上严重的创伤。一个无依无靠的孤寡老人，处在西方资本主义世界里，她的命运正像一团垃圾一样，不是被人遗弃就是任人践踏。生活上的熬煎，心灵上的抑郁和痛苦，不能不使她在心理上产生一种可怜的变态。为了怕被人鄙弃，她把自己打扮成过去的贵族；看到外国旅游者到处被人奉承，她又拿起了阳伞和旅行袋……但这种可悲的妄想，并不能改变她的命运，反而带来了更多的鄙弃和不幸。看到这一切，我仿佛看到一个被压在社会最底层的弱者，在生活的漩涡中拼命地挣扎，而她所企求的只不过是最起码的生活权利，和作为一个人的最起码的尊严。

中午，我们在广场附近一家饭馆里午餐，为了便于欣赏斜塔的风光，主人特意选了门外的座位。当我们在阳光下一面就餐一面闲谈时，我发现这个可怜的老妇人，又双手提着旅行袋，从广场相反的方向，正一步一步向我们走来。她老远就注视着餐馆的橱窗，和堆满在我们餐桌上的食物，眼睛里闪着饥饿的、贪婪的目光。我原想她一定也是来这里就餐的，没料到当她逐渐走近我们饭桌的时候，我看到她忽然扭过头去，摆出一种十分矜持的神态，像一个庄严的修道士一样，匆匆地从我们面前走过，连一眼也没有再看我们，径向斜塔走去。……

很久很久，我默默地望着她那红衣的背影，衬着白色的斜塔，由大到小，渐去渐远……这时，我忽然发现，这岂不是一幅寓意深刻的风俗画吗？画面上的一人一塔，恰恰形成多么鲜明的对照。斜塔是古代建筑上的畸形，而这个老妇人的形象，却是今天西方社会上屡见不鲜的一种畸形。这两者在畸形上虽是相同的，但在人们的心目中，对待这两种畸形的态度又是多么的不同呵！人们可以从世界各地兴致勃勃地来观赏斜塔，关心它，爱护它，甚至为了怕它倒塌，不惜千方百计地对它进行挽救。可是有谁能够用这种心情，同样来对待这个可怜的变态的老妇人呢？有谁会关心她的"倒塌"，而设法予以挽救呢？

这座闻名世界的斜塔，从它耸立的那一天起，几个世纪过去了，在这座斜塔下，人世间历尽了沧桑。蒙昧黑暗的中世纪已经作为历史的陈迹远去了，曾被宗教法庭判为"异端邪说"的伽利略的发现，已成为举世公认的真理。可是，在这斜塔下出现的像这位老妇人那样的畸形人，连同漠视、奚落、讪笑她的畸形的社会心理，何时才能远去呢？

一九七九年九月

思考与练习

一、给下列加点字注音

侵蚀（　　）　清癯（　　）　难堪（　　）　啼笑皆非（　　）

矜持（　　）　腋下（　　）　神龛（　　）　鼓鼓囊囊（　　）

虔诚（　　）　伶仃（　　）　商贩（　　）　熙熙攘攘（　　）

招徕（　　）　阔绰（　　）　戏谑（　　）　畸形（　　）

二、阅读课文，思考问题

1. 文章选取了怎样的角度写斜塔？一个"下"字对体现作者的写作角度有什么好处？

2. 文中写斜塔的建筑历史、形状、特点、名气时，陈陈铺叙，感情平静如水，这样的写作手法有何特殊意义？

3. 文章中写"畸形"两字是作者浓墨重彩刻意安排，这样强烈而鲜明的对比，有何用意？

4. 文尾是一段醒世之言，你觉得作者对社会和历史发出了怎么样的内心质问？

三、读读记记

1. 乐人之乐，人亦乐其乐；忧人之忧，人亦忧其忧。 ——【中国】唐·白居易
2. 我要微笑着面对整个世界，当我微笑的时候全世界都在对我笑。
——【美国】乔·吉拉德

4 金字塔的启示[①]

韩北屏

•课文导读•

古埃及的法老们为追求生命和统治的永恒，不惜无数奴隶的生命为自己营造了巨大的金字塔。那象征着无上权力、永恒统治的金字塔，到头来只不过是一个极大的历史讽刺。"古今将相在何方，荒冢一堆草没了"。今天，金字塔成为人类的宝贵文化遗产，人类创造力才真正获得永恒，而那些有幸保留下来的法老们，至多成为供人观赏的文物——木乃伊。作者有别于一般文人墨客为之而生的感叹，用来自内心对金字塔的历史感和历史激情，抒写对瞬间与永恒、权力与生命的思考。

二月，一个没有月亮的夜晚，我们到开罗郊外造访金字塔，探寻远古的秘密。

我去游览金字塔，已经不止一次了。以前去的时候，都是在白天，那时，当我从热闹的市区出来，穿过长着高大的棕榈树的郊区马路，向着太阳落下的方向走去，马路尽头，一个急转弯，眼前就出现了寸草不生的荒原。这是撒哈拉大沙漠的边缘。在夕阳映照下，无边无际的黄沙，一直伸向天边；在

[①] 选自《中国新文学大系1949—1976》（上海文艺出版社1997年版）。韩北屏（1914—1970），原名韩立，江苏扬州人，诗人、作家，主要作品有《高山大峒》《勇敢地向着生活》《史诗时代》《非洲夜会》等。

黄沙的反衬下，金字塔显得寂寞，人面狮身像①显得更加忧郁。尽管这时候金字塔畔的游人很多，他们骑着毛驴互相追逐，在骆驼背上嬉笑。可是，我总觉得这里荒凉而且神秘。我在想，夜晚的沙漠，夜晚的金字塔畔，是一种什么景象呢？

有人对我说，从金字塔再往沙漠深处走几公里，有一个帐篷搭成的夜总会，帐篷外是死寂的沙漠，帐篷里则跳着"东方舞"。人们坐在那里喝烈酒，看艳丽的舞女扭着腰肢，想象当年法老王的生活。这不是我希望得到的答案。我希望听听金字塔夜的独白。

在一个没有月亮的暗夜里，我们来听金字塔发言了。

白天，我们的车子可以一直开到金字塔的身边；今晚，在老远的地方就被人拦住，要我们步行前去，而且是静悄悄地走，不许喧哗。

这时候，天黑得像用浓墨染过似的，星星忽闪忽闪，似乎想把黑暗的天空刺个小洞钻出来，但马上又给黑暗挡住了。三座金字塔完全看不见，连离我们最近的人面狮身像也消失在深邃的夜色中。从大沙漠吹来的夜风，虽然有凉意，可是带

金字塔

着干燥的气味。这时候，一片静啊，要不是我的身边坐着许多人，我简直以

---

① 【人面狮身像】或叫狮身人面像，是一座位于卡夫拉金字塔旁的雕像，外形是一个狮子的身躯和人的头。位于埃及开罗西萨市南郊沙漠中，在金字塔的前方，著名的景点。

为被扔到人类世界之外了。

突然,第一座金字塔给淡蓝色的光照亮了,跟着第二座、第三座金字塔也给照亮了。漆黑的天幕上,现出三个锥形。那清冷的颜色,那严峻的形象,使我身上感到更深的凉意。三座金字塔的尖顶,绝望地指向天空,悄然无声。然后,紫色的光照亮了人面狮身像,黄色的光把残破的太阳神庙映现出来。一阵哀怨的古埃及的乐声,从远到近,从低沉到响亮,从沙漠的那一头到了我们跟前。那乐声仿佛走过时间的长途,听起来有些疲惫之感。稍停,淡蓝色的光熄灭了,金字塔又隐藏到黑暗中去,只剩下人面狮身像沉默地望着我们。过了一会,它才用苍老的声音向我们谈起五千年前的历史。当时,古埃及那么繁荣,尼罗河抚育了这一片土地上的文明。它说:"当这里已经能够辨认星辰,已经学会了计算的时候,其他地方的人类还住在洞穴里。"它历数古埃及王朝帝王们的功业,接着又谈到埃及的衰微。它说:凯撒大帝和拿破仑都到过这里……

(说到拿破仑,我不由得看一眼人面狮身像。据说,拿破仑进军到埃及的时候,曾经在金字塔前徘徊过,端详过人面狮身像。不知由于什么原因,这位暴君不喜欢它,说它的面容太骄傲,于是下令炮兵对它轰击,使它永远失掉了鼻子。)

……人面狮身像忽然住口。照射着它的紫色光线越来越暗,最后它好像退到轻纱的帐幕后边,只剩下一个朦胧的影子。就在这时,传来尼罗河举行大庆典的消息,鼓乐齐鸣,人声鼎沸,驯马者的吆喝和马蹄声混合在一起,仿佛有成千上万的人涌到这里来了。一会儿,又是法老王三世和他的儿子的对白,第一座金字塔与第二座金字塔又出现了;一会儿又宣布法老王的葬仪,王后唱起哀歌,丧曲的颤抖旋律在夜风中飘散,这时第一座金字塔单独地站着。我凝神注视,总以为从塔顶上会有抬棺材的奴隶走下来,其实什么也没有;我所看到的仍然是法老王当年远征时带回来的石头,仍然是奴隶们千里跋涉运来的石头,那些石头暴露在沙漠阳光下已经有四千多年,它们都已受到剥蚀,显得憔悴不堪……

我在金字塔畔看罢了"声光表演",也可以说游历了一次幻觉的境界,在不长的时间里呼吸了一下古埃及的空气。

这样的一次"游历",使我沉思。

我在想,金字塔到底给人什么样的感觉呢?今天,当我们站在它的旁边,仰望巍峨的石砌建筑,的确惊叹它的宏伟;当我们从倾斜的梯子上,匍匐着爬进金字塔内部的墓穴中,的确佩服古代工程师的绝顶聪明;当我们看到了发掘出来的帝王、皇后的木乃伊,看到神庙中的美丽绘画和象形文字,的确感谢它为我们保留了罕有的珍物。可是,金字塔在当时人们的心目中,是一个什么样的象征呢?

金字塔是怎样建成的?有各种不同的说法。就拿建筑的石块说吧,一个"库夫金字塔"用了二百五十万块石头,每块石头据说有四吨重,当时没有汽车,没有起重机,它是怎么运来的,怎么砌成的呢?有人说,利用尼罗河每年一次的泛滥,从上游运来石块,洪水将它推送到这里,砌好一层,在旁边堆上沙,再把石块弄上去,然后再砌第二层。又有人说,这些石块是驱使几十万奴隶,费了几十年的时间,从老远的地方运来的,在这条运输线上,死亡了不知多少人,白骨可以铺路。当然,前一种说法比较不那么辛酸,可也免不了牺牲;后一种说法却充满了血泪,使人叹息。一个皇帝死了,赔掉许多生命;另一个在位的皇帝还要死,谁能担保自己不赔掉了呢?

我特别有兴趣地去看了木乃伊。他们是四千多年前的皇帝和皇后,他们在金字塔里睡了那么多年;现在睡在开罗博物馆里,还不知要睡多少年。开罗博物馆为他们专门辟了一间屋子,用玻璃匣子装着这些皇帝和皇后的尸体,按顺序排列着。我看到的木乃伊就有十多具,其中有些还能辨别男女,有些面貌已很模糊。一个人初次看到木乃伊,大概总有很大的好奇心。老实说,我的兴趣不在于好奇，而在于看一看这些皇帝和皇后是什么样子。从文物的角度去说，这些木乃伊是珍贵的，是稀有的标本；世界上不知多少有名的皇帝和美丽的皇后物化得无影无踪，难得这几位形骸倒保留下来，供后人凭吊。但是，我一想到沙漠上的白骨，一想到尼罗河边的泪水，怎么也遏止不住悲愤。

说到金字塔，马上就联想到尼罗河，金字塔和尼罗河，是埃及的象征。

对金字塔，我有了也许不需要有的反感；对尼罗河，我却有真正的良好感情。

我坐在开罗"岛屿之宫"旅店的阳台上，俯瞰平静的尼罗河。河上有白色三角帆的木船，静静地行驶，好像在玻璃般水面漂行。河岸整齐，棕榈树的叶子衬着蔚蓝的天空，仿佛是精致的剪纸。美丽的尼罗河啊！

尼罗河是温柔的，同时又是凶暴的。尼罗河下游是平静的，上游却是喧闹的。当它从苏丹境内奔腾而出的时候，汹涌澎湃，势不可挡；流到了下埃及的时候，已经很舒徐了。尼罗河带来了富饶，也带来了灾难。

过去，每当尼罗河泛滥的时候，听说人们总要选择一个漂亮的少女，隆重地扔进河里，作为对尼罗河的献礼，希望取得神的慈悲，别再兴风作浪。我在开罗曾看过一个歌舞剧，它就是描写这个故事的，和中国的"河伯娶妇"的传说很相似。人们在面对大自然而束手无策的时候，大概就产生了神灵，这是一种绝望的寄托；同时却又产生了另一种希望，用"行贿"来和神灵和解。尼罗河从什么时候起吞噬少女，已无从查明；到这种愚蠢的行为停止之前，扔进河里的姑娘想来一定不在少数。

我们打开埃及地图，就好像打开一幅清疏的中国花卉画，画面上空白极多，当中是一株紫色的藤，藤上挂着许多葡萄，那便是尼罗河和它周围的城镇乡村。空白的地方是荒无人烟的沙漠。

我曾经沿着尼罗河旅行过一趟，到过开罗、亚历山大、塞得港和古城洛克索。这些大的和中等的城市，不是紧贴在尼罗河边，便是镶嵌在尼罗河入海的河口。洛克索的年代悠久，以古代太阳神庙的废墟和地下的帝王陵寝吸引游客；开罗、亚历山大和塞得港，则是既古老而又崭新的现代化城市，撇开它们的历史和今天的建设不谈，我只想说一说尼罗河给予它们的支持。这些城市的市区很繁华，可是一出郊区，便看到沙漠的狰狞面目。比如说开罗吧，这个大城市有众多的人口，建筑很美，尼罗河穿城而过，给喧闹的都市带来不少诗情画意。它的漂亮和繁盛，早就和开罗城西阿里王故宫的绘画大不相同。那批古画上，描绘了当年开罗的情景：一座矮矮的城堡，一丛丛的营帐，稀落的树木，疲乏的骆驼，戴面纱的妇女，穿长袍的男人，此外，就是沙漠了。今天的开罗比当年的开罗不知大了多少倍，你站在市区里，无论如何也想不到沙漠就是近邻。这里，人的劳动和创造起了主要的作用，但是，尼罗河是取得胜利的有力支持。

所以，自古以来，歌颂尼罗河的诗篇，就像繁花开满枝头一样的传诵在埃及。

我站在尼罗河边，望着金字塔巍峨的身影，不禁沉思。我想：金字塔庄严端坐，只不过象征着消失的权势；尼罗河汩汩长流，才象征着生命的力量。

思考与练习

一、给下列加点字注音

喧哗（　　）　深邃（　　）　严峻（　　）　棕榈树（　　）

巍峨（　　）　石砌（　　）　匍匐（　　）　跋涉（　　）

澎湃（　　）　形骸（　　）　俯瞰（　　）　泛滥（　　）

镶嵌（　　）　狰狞（　　　）　汩汩（　　　）

二、阅读课文，思考问题

　　1. 文章为什么说作者对尼罗河却有真正的良好感情？

　　2. 本文最突出的艺术表现是诗歌意识，怎么去理解这一诗歌艺术的表现手法？

　　3. 作者通过金字塔和尼罗河的艺术构思宏观对比，表达怎样的思想情感？

　　4. 阅读全文后，你还发现有几处微观对比？试举例说明。

三、读读记记

　　1. 在富有、权力、荣誉和独占的爱当中去探求幸福，不但不会得到幸福，而且还一定会失去幸福。　　　　　　　　　　——【俄国】列夫·托尔斯泰

　　2. 对人民来说，唯一的权力是法律；对个人来说，唯一的权力是良心。
　　　　　　　　　　　　　　　　　　　　　　　　——【法国】雨果

5 在"海的女儿"铜像面前[①]

叶君健

•课文导读•

  这是一篇思辨性的、以议论为主的文章。作者站在丹麦哥本哈根市"海的女儿"铜像前,想到安徒生的那则著名的童话,想到丹麦人为什么要在首都的港口入口处特别竖立她的铜像,心潮起伏地思考着小人鱼所体现的人生理想和境界。

  谁说《海的女儿》这个故事我们早在儿童时代就能背诵?谁说童话只是讲给小朋友听的故事?在读了这篇文章之后,你还能这么说吗?听过《海的女儿》这个故事的人有成千上万,我们是否都能像本文作者这样,体会到这么多,感悟到这么多?

  一九八一年二月间,我再度去哥本哈根,参加在那里召开的国际笔会代表大会。会议结束后,东道主——丹麦笔会中心——特别招待来自世界各国的与会作家,参观了哥本哈根市的名胜,其中之一,就是这个城市的入口处水面上的小人鱼[②]的铜像,也就是安徒生的著名童话《海的女儿》里的那个同名女主人公的铜像。这里没有什么风景,只有一片相当静僻的海岸。人们

[①]　选自《红叶集》(江西人民出版社1983年版)。叶君健(1914—1999),湖北红安人,著名作家、翻译家,主要作品有《王子和渔夫的故事》《两京散记》《樱花的国度》《安徒生童话全集》(译著)等。
[②]　【小人鱼】通常称为"小美人鱼"。现在的小美人鱼铜像是一座世界闻名的铜像,她位于丹麦哥本哈根市中心东北部的长堤公园,已经是丹麦的象征。铜像高约1.5米,基石直径约1.8米,是丹麦雕刻家爱德华·艾瑞克森(Edvard Eriksen)根据安徒生童话《海的女儿》铸塑的。

可以到这里来散步。但这时天气寒冷，散步的人稀少。到此地的世界各国的作家也没有散步，只是站在这儿瞻望着那尊铜像。大家在面对着她沉思。我们在儿童时代大概都读过关于这位小人鱼的那篇童话，现在我们站在她的对面，免不了要回忆起自己的童年，因而也不免要想起当时读这篇童话的感受。海水在她的石座上击起一团浪花和泡沫，寒风在她的周围不时发出几声呼啸，这也引起人们许多的联想。塞浦路斯的剧作家潘诺斯·意翁尼德斯要我走到她身边去，以便为我在她面前拍一张照片。他知道我翻译过安徒生的童话全集，因而认为我在她身边留下一点纪念是适当的。她现在在遥远的东方，也为许多儿童所熟识。

但是我想起了另外一件事情：为什么丹麦人要在他们首都的港口入口处，特别竖立她的铜像呢？小人鱼究竟是海底的生物，与我们人世间没有什么关系，从动物学上讲，与人相比，还要算是一种低级生物。但丹麦人却把她当作一个高贵的女子来看待。她坐在他们首都入口处的海上，事实上等于是他们国家的一个象征。不过，

海的女儿塑像

她又不是一个开国的元勋，或一个什么伟大的英雄人物，从表面上看她是一个弱女子，而且孤零零地在那荒漠的海上，还显得有些凄凉。我不禁回想起她的身世和她那短暂一生的遭遇。于是我懂得了：大概丹麦人认为她能够代表他们人民的理想和品质，因而也就把她当作丹麦的象征。的确，她是一个善良的人，具有一颗善良的心。但同时她也是一个意志坚强、具有高尚理想

的人。当她发现宇宙间有比海底王宫里舒适的生活还更有意义的东西的时候,她就不惜付出一切代价,冲破一切艰难险阻而向它追求。说起来也很偶然,但这个偶然却决定了她一生的命运:有一尊男子的石像从一艘沉船落到海底,她一见到它就觉得它很美。它代表"人",因此她也就对人产生了浓厚的感情。

从象征的意义来说,"人"确是最美的东西,因为他是一切动物中最高级的动物,因为他是创造者,他能创造出最美好的东西。但她第一次真正接触到"人",还是当她到了十五岁,可以浮到海面上去的时候。这个"人"体现在一位王子身上。他刚从一艘沉没的船上漂流出来,已经是处于失去了知觉的状态之中。她救了他,托着他游向海岸,把他放在一个类似教堂式修道院的建筑面前。她这时不仅亲身接触到了"人",而且还把他托在自己的怀里,吻了他的前额。在她的眼里,"人"的确很美。她立即就对他发生了感情。"人"所创造出来的东西,更增加了她对"人"的喜爱:白色的建筑物、花园、花园里人们所栽植的柠檬和橘子树、花园门前长着的棕榈、白色建筑物中飘出的钟声等,还有年轻女子在花园里穿来穿去……"人"和他所创造的这个世界,她觉得真是美好,但这一切,她只能在海上泡沫的后面远远地眺望,而无法亲临其境,因为她不是"人"。

这里可以附带提一笔:这里的"人",故事已经告诉我们,是体现在一个"王子"身上。在欧洲的民间故事和传说中,"王子"总是以年轻貌美的男子形式出现的。他聪明,他有智慧,他举止言谈表现出高度的文化,他具有高尚的道德和品质、热烈的感情和同情心,总之他是人们理想中的一种标准的"人"。无疑,他是旧时人们想象中的产物,一种理想的"人"的化身。在我们许多少数民族的民间故事中,我们也有类似理想化的"人"。对于这种情况,我们必须以历史唯物主义的眼光来看待。他是一定历史时期人们想象中的创造——比起人们更早在想象中所创造的"神仙"来,这种创造又向前迈进了一步，比较更接近于现实。所以根据这种情况，我们就不能把它和我们实际历史中所存在过的那些东方式的、代表地主阶级利益的王公及其贵族等同起来，否则，世界上好大一部分的古典民间故事和童话就要成为反动的东西了。安徒生继承了欧洲古典民间故事和童话的传统，因此在他的作品中也出现了不少理想化的王子和公主——虽然他也描写过一些愚蠢可笑或残忍的、现实生活中的暴君。

海底的这位小公主，由于她不是"人"，由于她是一个较低级的动物，她感到很痛苦，很忧郁。因此她就决心要改变她的处境，向一个高级动物的境界追求：她必须变成"人"，而且只是在生理上变成"人"还不够，她还得要获得一个"人"的灵魂，而要获得这个灵魂，"那只有当一个人爱你，把你当作比他父母还要亲切的人的时候，只有当他把他全部的思想和爱情都放在你身上的时候，只有当他让牧师把他的右手放在你的手里，答应现在和将来永远对你忠诚的时候，他的灵魂才会转移到你的身上去，而你就会得到人类的一份快乐。他就会分给你一个灵魂，而同时他自己的灵魂又能保持不灭。但是这类的事情是从来不会有的！"是的，这类的事情是从来不会有的。

但她却要使这类的事情在她的身上发生！她已经接触到了那个王子。她要赢得他的爱情。她也实在喜欢他，因为他美丽。为了这，她作出什么样的牺牲都在所不惜。本来，她在海底有更愉快的生活，有比人类更长的寿命，她可以无忧无虑地在那里享受三百年的岁月。但为了获得人的灵魂，这一切她都决心抛弃。第一步，她得先变成"人"。因此，她得求助于巫婆，她得付出代价：交出她身上最珍贵的东西——她那美好的声音。她忍着剧痛，让巫婆割去她的舌头，以换取能把她的鱼尾分裂成两条人腿的那一剂药物。只有当她在生理上变成了人以后，她才能有机会和人接近。

她终于从一个人鱼变成了一个美丽的姑娘，来到了王子的身边。王子钟爱她，把她当作一个形影不离的随从。她也非常爱慕王子，但她却无法对他表达她的感情,因为她失去了声音,已成为一个哑巴。最使她难过的是,她始终无法使王子知道,她就是从沉船中救出他的生命的那个人。王子喜欢她的身姿,喜欢看她跳舞,但他却一点也不知道,她每跳一步,她那从鱼尾变成的人腿就会剧痛得像刀子在绞。她忍受了这一切痛苦,可是最终她还是没有能获得王子的爱情。王子要和另外一个王国的公主结婚。

这是一个悲剧。按照西方一般传统的说法,男女之间的感情关系,"不是爱,就是恨"。她作出了她生命中最大的牺牲,到头来竟是一场空。她对王子是否要从"爱"产生"恨"呢?当初割去她舌头的那个巫婆,就根据这种传统的观念又为她提出了一个解决的方案:在王子新婚的那个晚上,只要她用一把尖刀刺进王子的心,王子的鲜血一洒在她的腿上,她就又可以恢复她的鱼尾,重获得她的海底公主的原形。她的祖母,她的姐姐,都为了思念她而变得憔悴。她们切盼她再回到她们中间。她们用自己美丽的长发从巫婆那里换取了这个方案。在王子结婚的前夕,当小人鱼正站在王子举行婚礼的彩船的甲板上,凭栏独自沉思地向海上瞭望的时候,她的祖母和姐姐们在远方海面上浮出来了,对她传达了巫婆的方案。她们对她说:"在你没有变成无生命的咸水泡沫以前,你仍可以活过你三百年的岁月……刺死那个王子,赶快回来吧!快动手呀!你没有看到天上的红光吗?几分钟以后,太阳就出来了,那时你就必然灭亡!"

"不是他死,就是你死了!"她们明确地对小人鱼指出事态的严重。这是她最后的选择,也是她最后的考验。她该怎样办呢?她来到王子的新房,把帐篷上紫色的帘子分开,看见那位美丽的新嫁娘把头枕在王子的怀里睡着了。她弯下腰,在王子清秀的眉毛上亲了一吻,于是她向天空凝望——朝霞变得更亮了。她向尖刀看了一眼,接着她又把眼睛掉向这个王子;他在他的梦中喃喃地念着他的新嫁娘的名字。他思想中只有她存在。王子是这样爱他的新婚妻子。她对他是"爱",还是"恨"呢?是嫉妒呢,还是报复呢?刀子在小人鱼手里发抖。但正在这时候，她把刀子远远地向浪花里扔去。刀子沉下的地方，浪花发出一道红光，像有许多血滴溅出了水面。她再一次把迷糊的视线投向这王子，然后她就从船上跳到海里，她觉得她的身躯在融化成了泡沫。

她不愿摧毁别人的幸福，最后牺牲了自己的生命。这种胸怀，这种精神境界，已经改变了她的性质。她不再是一个普通的低级生物，而成了个具有灵魂的人，虽然这个灵魂最后的获得还有一段过程。"现在太阳从海底升起来了，阳光温暖地照在冰冷的泡沫上，因此小人鱼并没有感到灭亡。她看到光明的太阳，同时在上面飞着无数透明的、美丽的生物……小人鱼自己也获得了它们这样的形体，渐渐从泡沫中升起来。"她飞进了"天空女儿"的行列。"天空女儿也没有永恒的灵魂，不过她们可以通过善良的行为而创造出一个灵魂……三百年以后，当我们尽量做完我们所能做的一切善行以后，我们就可以获得一个不灭的灵魂，就可以分享人类一切永恒的幸福。"

她的坚强意志、善良的心、勇敢的行为和高尚的品质，使她最后能实现她的理想：她将会得到"人"的灵魂，虽然她还要经受考验，继续不断地在三百年内作出许多善行。但这个时间可以缩短，"每一天如果我们找到一个好孩子，如果他给他父母带来快乐、值得他父母爱他的话，上帝就可缩短我们考验的时间。"作为一个普通生物，小人鱼短暂的一生充满了苦难和悲哀，但是这些苦难和悲哀并没使她灭亡，而却使她获得了永生。她成了一个英雄，一个"人"的典范，因为她以她的行为体现了做一种高等动物的"人"所应具有的优良品质。安徒生通过她的形象，提示我们应该如何珍视我们这种"人"的地位，应该如何排除低级趣味，而真正具有值得"人"的称号的一个高尚的"灵魂"。在故事的结尾，作家把希望寄托在作为人类的未来的孩子身上："如果他给父母带来快乐、值得他父母爱的话"，那就可以大大缩短获得这个"灵魂"的时间。丹麦人把安徒生的这种理想也当成他们民族的理想。我想也正因此，丹麦人才把"海的女儿"当作他们国家的象征。

> 思考与练习

一、文章从什么样的角度入题，写作者对小人鱼形象的进一步思考？

二、结合童话《海的女儿》一文，说说小人鱼塑造的是一个怎样的人物形象。

三、阅读全文后，你觉得文中小人鱼身上有哪些优秀的"人"的品质值得我们学习？

四、读读记记

  1.幸福越与人共享，它的价值越增加。 ——【日本】森村诚一

  2.建筑在别人痛苦上的幸福不是真正的幸福。 ——【苏联】阿·巴巴耶娃

口语交际训练：求职面试（上）

面试是用人单位安排专业招聘人员通过与求职者进行面对面沟通交流对其进行考核的过程，是对求职者综合能力的测试和考察。面试时求职者往往需要进行自我介绍，介绍得好不好，直接关系到给招聘人员的第一印象甚至会影响到面试结果。它也是认识自我的手段。

【案例】

面试地点：瑞士××精化（全球精细化工行业的领先者）

目标职位：客户服务代表

面试类型：一对一面试

申请人概况：有工作经验的申请人

我叫×××，我的同学一般叫我××，或者是我的英文名字×××。

我是广州本地人，不过父母是汕头人，所以我既会讲粤语也会讲潮汕话。

我毕业于××大学市场营销专业，在校期间我曾经两次获得奖学金，两次被评为优秀学生干部，还得过一次全勤奖。

毕业后的第一年，我在××市的一家电子公司担任前台兼秘书，主要负责接听电话、整理文件等常见的文秘工作。之所以离开那里，是因为工作实在太清闲了，每天的工作只用小半天就能干完。我是一个比较喜欢忙碌的人，只有忙碌一点，才觉得心里很踏实。

我的第二份工作，也就是我现在在××医药公司的工作，就相当忙碌。××是一家从事中药药材批发的民营公司，每年的销售额有5000多万，大大小小的客户有几百家。我所在的客户服务部现在有8名客服代表，每个人手上都有几十家客户。我的工作职责包括打单、配货、制作销售跟踪报表、催收货款、处理客户投诉等等。在去年年底人力资源部做的满意度调查中，我获得了 4.5 分的销售代表满意度和 4.2 分的客户满意度，满分是 5 分，这个分数在当时的 9 名客户服务代表中名列第二。

我现在来到××求职，原因有两个。第一个原因是，我一直向往着能加入世界一流的大公司。第二个原因是，我觉得自己很符合××的招聘要求。虽然我并没有做过精细化工产品的客服，但是药品行业对客服的要求是相当高的，因为药品在包装、运输、进出库和销售等各个环节都有着非常严格的要求。此外，我了解到××所使用的是××公司的 ERP 系统，它和我长期使用的××ERP 是很类似的，而且我每天都用英文版的 ERP。

我就介绍这么多吧。

简评：

这个面试介绍简单明了，应聘者紧紧扣住企业的用人需求、岗位要求，重点介绍自己以前出色的工作表现，用事实说话，用数字说话。在介绍的结尾提到所应聘的单位，陈述自己对该单位的浓厚兴趣，强调了自己的优势。

相关知识

一、面试介绍的内容

1. 你的学历
2. 曾经担任过的职务
3. 适用于该工作的具体技能
4. 相关的职业培训或实践
5. 曾获得的荣誉或成就
6. 你的目标

二、面试介绍技巧

想要自我介绍恰到好处、不失分寸，就必须高度重视下述几个方面的问题。

1. 控制时间。面试介绍要力求简洁，尽可能地节省时间。通常以半分钟左右为佳，如无特殊情况最好不要长于1分钟。为了提高效率，在作自我介绍的同时，可利用名片、介绍信等资料加以辅助。

2. 讲究态度。

（1）态度要保持自然、友善、亲切、随和，整体上讲求落落大方，笑容可掬。

（2）充满信心和勇气。切忌妄自菲薄。要敢于正视对方的双眼，显得胸有成竹、从容不迫。

（3）语气自然，语速正常，语音清晰。生硬冷漠的语气、过快或过慢的语速，或者含糊不清的语音，都会严重影响自我介绍者的形象。

3. 追求真实。进行面试介绍时所表述的各项内容，一定要实事求是，真实可信。过分谦虚，一味贬低自己去讨好别人，或者自吹自擂，夸大其词，都是不足取的。

总的说来，面试介绍技巧十分重要，良好的表达，不仅可以展现自己，而且可以大大增加用人单位对自己的好感。这样对你的职业生涯大有益处。

练一练

活动主题：面试介绍小练习

活动参与人员：全班同学(分组)

活动流程：1. 组员各准备面试介绍一份

　　　　　2. 介绍活动规则

　　　　　3. 进行分组练习

　　　　　4. 对练习进行评价

活动规则：1.活动形式为自我介绍和面试官提问，自我介绍分半分钟和1分钟。每位时间控制在3分钟之内

2.每轮自我介绍结束后由面试官点评

3.交叉扮演面试官和面试者，按分组名单进行

4.记录发现的问题，以便进行讨论

5.活动按正式面试形式进行，不得笑场

第二单元

学会感恩

单元导语

  感恩是一种生活态度，是一种美德。感恩父母，他们给予我们生命，抚养我们成人；感恩老师，他们教给我们知识，引领我们做"大写的人"；感恩朋友，他们让我们感受到世界的温暖；感恩对手，他们令我们不断进取、努力。

  本单元围绕"学会感恩"这一主题选取了5篇文章。《学会感恩》是一篇叙事性散文，作者告诉我们，我们不仅要常怀感恩之心和感恩之情，还要把这种情感表达出来，让给予我们帮助的人感受到，世界才会在人们息息相通的心灵交流中变得更加美好。《我的母亲》一文，老舍先生通过对母亲朴素的一言一行的叙写，充分体现了母亲对子女的舐犊情深，子女对母亲的感激、怀念和赞颂之情。《两个感恩节的绅士》，小说讲述流浪汉皮特与老先生坚持"感恩节传统"，最后一个被撑病、一个被饿昏的故事。看似简单的故事背后，却透射出人性的光辉。《大堰河——我的保姆》，作者通过对自己的乳母的回忆与追思，塑造了大堰河勤劳、善良、宽厚和淳朴的形象，写出了整个旧中国农民的悲惨命运，抒发了对贫苦农妇大堰河的怀念、感激和赞美之情。《陈情表》陈述的祖孙之情悲恻动人。

  本单元应用写作练习为个人简历和求职信，指导即将走向工作岗位的同学正确写作个人简历和求职信。

6 学会感恩[①]

肖复兴

·课文导读·

肖复兴曾说:"我看散文,看真情、真性、真人。我写散文,写真情、真性、真自己。真情,是第一位的,是散文的灵魂。没有真情积淀,渴望倾吐,不要碰散文。"读罢本文,我们会对他的这段话产生更深刻的认识。本文最大的特点是"真":真情,"感恩"之心是一种美好的感情,没有一颗感恩的心,人们便永远不能真正懂得孝敬父母,不会关注、理解帮助他的人,不会主动地帮助别人,更不会将自己的爱心传递给整个社会;真性,针对现实中的"恨多于爱的人""不懂得忏悔的人""沉溺于金钱和权力的人",作者直陈其陋,直揭其弊;真人,字里行间,我们读出的是一位率真的、真诚的、充满爱心与良知的作家。

西方有一个感恩节。那一天,要吃火鸡、南瓜馅饼和红莓果酱。那一天,无论天南地北,再远的孩子,也要赶回家。

总有一种遗憾,我们国家的节日很多,唯独缺少一个感恩节,我们也可以东施效颦[②]吃火鸡、南瓜馅饼和红莓果酱,我们也可以千里万里赶回家,但那一切并不是为了感恩,团聚的热闹总是多于感恩。

---

① 选自《哲理美文赏析》(巴蜀书社2013年版)。肖复兴(1947—),河北沧州人,作家,主要作品有《音乐笔记》《忆秦娥》《生当作人杰》《京城旧事》等。

② 【东施效颦】比喻胡乱模仿,效果极坏。效,效仿;颦,皱眉头。

没有阳光，就没有日子的温暖；没有雨露，就没有五谷的丰登；没有水源，就没有生命；没有父母，就没有我们自己；没有亲情友情和爱情，世界就会是一片孤独和黑暗。这些都是浅显的道理，没有人会不懂，但是，我们常常缺少一种感恩的思想和心理。

"谁言寸草心，报得三春晖""谁知盘中餐，粒粒皆辛苦"，我们小时候背诵的诗句，讲的就是要感恩。滴水之恩，涌泉相报；衔环结草，以报恩德，中国绵延多少年的古老成语，告诉我们的也是要感恩。但是，这样的古训并没有渗进我们的血液，有时候，我们常常忘记了，无论生活还是生命，都需要感恩。

蜜蜂从花丛中采完蜜，还知道嗡嗡地唱着道谢；树叶被清风吹得凉爽，还知道飒飒地响着道谢。但是，我们还不如蜜蜂和树叶，有时候，我们往往容易忘记了需要感恩。没错，感恩的敌人是忘恩负义。但是，真正忘恩负义的人毕竟是少数，大多数的人常常对别人给予自己的帮助和情谊、恩惠和德泽，以为是理所当然，便容易忽略或忘记，有意无意地站在了感恩的对立面。难道不是吗？我们父母给予我们的爱，常常是细小琐碎却无微不至，不仅常常被我们觉得就应该是这样，而且还觉得他们人老话多，树老根多，嫌烦呢。而我们自己呢，哪怕是同学或是情人的生日，都不会错过他们的PARTY，偏偏记不清父母的生日，就并不是什么奇怪的事情了。

懂得感恩的人，往往是有谦虚之德的人，是有敬畏之心的人。对待比自己弱小的人，知道要躬身弯腰，便是属于前者；感受上苍懂得要抬头仰视，便是属于后者。因此，哪怕是比自己再弱小的人给予自己的哪怕是一点一滴的帮助，这样的人也是不敢轻视、不能忘记的。跪拜在教堂里的那些人，仰望着从教堂彩色的玻璃窗中洒进的阳光，是怀着感恩之情的，纵使我并不相信上帝的存在，但我总是被那种神情所感动。

恨多于爱的人，一般容易缺乏感恩之情。道理很简单，这样的人，往往唯我独尊，一切都是他对，他从来都没有错，对于别人给予他的帮助，特别是指出他的错误、弥补他闪失的帮助，他怎么会在意呢？不仅不会在意，而且可能会觉得这样的帮助是多余，是当面让他下不来台呢。这样的人，心如冰硬板结的水泥地板，水是打不湿的，便也就难以再松软得能够钻出惊蛰的小虫来，鸣叫出哪怕再微弱的感恩之声来。

　　财富过大并钻进钱眼里出不来，和权力过重并沉溺权力欲出不来的人，一般更容易缺乏感恩之情。因为这样的人会觉得他们是施恩于别人的主儿，别人怎么会对他们有恩且需要回报呢？这样的人，大腹便便，习惯于昂着头走路，已经很难再弯下腰、蹲下身来，更难以鞠躬或磕头感恩于人了。

　　虽说大恩不言谢，但是，感恩一定不要仅发于心而止于口，对你需要感谢的人，一定要把感恩之意说出来，把感恩之情表达出来。美国曾经有这样一则传说，一个村子里，一家人围坐在餐桌前吃饭，母亲端上来的却是一盆稻草。全家都很奇怪，不知道这究竟是怎么一回事，母亲说："我给你们做了一辈子的饭，你们从来没有说过一句感谢的话，称赞一下饭菜好吃，这和吃稻草有什么区别！"连世上最不求回报的母亲都渴望听到哪怕一点感谢的回声，那么我们对待别人给予的帮助和恩情，更需要把感恩的话说出来。那不仅是为了表示感谢，更是一种内心的交流，在这样的交流中，我们会感到世界因这样的息息相通而变得格外美好。

　　我在报上看到这样一则消息：湖南两姊妹在小时候一次落水，被一个好心人救起，那人没有留下姓名就走了。两姊妹和她们的父母觉得，生命是人家救的，却连一声感谢的话都没有对人家说，发誓一定要找到这个恩人。他们整整找了20年，两姊妹的父亲去世了，她们和母亲接着千方百计地寻找，终于找到了这位恩人，为的就是感恩。两姊妹跪拜在地上向恩人感恩的时候，她们两人和那位恩人以及过路的人们禁不住落下了眼泪。这事让我很难忘怀，两姊妹漫长20年的行动告诉我，到什么时候都不要忘记对有恩于你的人表示感恩。而感恩的那一瞬间，世界变得是多么的温馨美好。

我永远也不会忘记几年前的一件事情。那天我在崇文门地铁站等候地铁，一个也就四五岁的小男孩，从站台的另一边跑了过来。因为是冬天，羽绒服把小男孩撑得圆嘟嘟的，像个小皮球滚动过来。他问我到雍和宫坐地铁哪边近，我告诉他就在他的那边。他高兴地又跑了回去，我看见那边他的妈妈在等着他。等了半天，地铁也没有来，我走了，准备上去找个"的"。我已经快走到楼梯最上面的出口处了，听到小男孩在后面"叔叔，叔叔"地叫我。我不知道他要干什么，便站在那里等他，看着他一脑门子热汗珠儿地跑到我的面前，我问他有事吗，他气喘吁吁地说："我刚才忘了跟您说声谢谢了。妈妈问我说谢谢了吗。我说忘了，妈妈让我追您。"我永远不会忘记那个孩子和那位母亲，他们让我永远不要忘记学会感恩，对世界上不管什么人给予自己的哪怕是再微不足道的帮助和关怀，也不要忘记了感恩。

思考与练习

一、解释"感恩"的意思。

二、文中列举了哪些理由说明要感恩？

三、我国有感恩的传统吗？并从文中找理由。

四、请列举课文中感恩的例子。

五、读读记记

  1. 滴水之恩，当涌泉相报。   ——《增广贤文·朱子家训》

  2. 人家帮我，永志不忘；我帮人家，莫记心上。 ——【中国】华罗庚

7 我的母亲[①]

老 舍

• 课文导读 •

本文是老舍先生回忆母亲的散文。文中的母亲虽然物质上一贫如洗，但是她那朴素的一言一行，影响了作者的一生一世。整体感知本文，通过阅读用心感受母亲平凡而孤苦的一生，感受母亲坚忍、善良、宽容、勤俭和待人热情的品性，体会作者"子欲养而亲不待"的痛悔之情。

老舍先生是一位语言大师，他以平实的文字叙述了母亲一生中的几件事情，饱含了对母亲深深感激、怀念之情，我们要仔细体会。

母亲的一生告诉我们：不能因贫穷改变做人的标尺，不能因距离淡化对人的牵挂。

母亲的娘家是北平[②]德胜门外，土城儿外边，通大钟寺的大路上的一个小村里。村里一共有四五家人家，都姓马。大家都种点不十分肥美的地，但是与我同辈的兄弟们，也有当兵的，作木匠的，作泥水匠的，和当巡察的。他们虽然是农家，却养不起牛马，人手不够的时候，妇女便也须下地作活。

对于姥姥家，我只知道上述的一点。外公外婆是什么样子，我就不知道了，

[①] 选自《中国现代文学珍藏大系·老舍卷（上）》（蓝天出版社2003年版），有改动。老舍（1899—1966），原名舒庆春，字舍予，满族正红旗人，生于北京，现代小说家、作家、语言大师、人民艺术家，是新中国第一位获得"人民艺术家"称号的作家，主要作品有《骆驼祥子》《四世同堂》《茶馆》等。

[②] 【北平】北京的旧称。

因为他们早已去世。至于更远的族系与家史，就更不晓得了；穷人只能顾眼前的衣食，没有功夫谈论什么过去的光荣；"家谱"①这字眼，我在幼年就根本没有听说过。

母亲生在农家，所以勤俭诚实，身体也好。这一点事实却极重要，因为假若我没有这样的一位母亲，我以为我恐怕也就要大大的打个折扣了。

母亲出嫁大概是很早，因为我的大姐现在已是六十多岁的老太婆，而我的大外甥女还长我一岁啊。我有三个哥哥、四个姐姐，但能长大成人的，只有大姐、二姐、三姐、三哥与我。我是"老"儿子。生我的时候，母亲已有四十一岁，大姐二姐已都出了阁。

由大姐与二姐所嫁入的家庭来推断，在我生下之前，我的家里，大概还马马虎虎的过得去。那时候定婚讲究门当户对②，而大姐丈是作小官的，二姐丈也开过一间酒馆，他们都是相当体面的人。

老舍雕塑

可是，我，我给家庭带来了不幸：我生下来，母亲晕过去半夜，才睁眼看见她的老儿子——感谢大姐，把我揣在怀中，致未冻死。

一岁半，我把父亲"克"死了。

兄不到十岁，三姐十二三岁，我才一岁半，全仗母亲独力抚养了。父亲的寡姐跟我们一块儿住，她吸鸦片，她喜摸纸牌，她的脾气极坏。为我们的

---

① 【家谱】家族记载本族世系和重要人物事迹的书。
② 【门当户对】旧时指结亲双方家庭的社会地位和经济状况相当。

衣食，母亲要给人家洗衣服，缝补或裁缝衣裳。在我的记忆中，她的手终年是鲜红微肿的。白天，她洗衣服，洗一两大绿瓦盆。她作事永远丝毫也不敷衍，就是屠户们送来的黑如铁的布袜，她也给洗得雪白。晚间，她与三姐抱着一盏油灯，还要缝补衣服，一直到半夜。她终年没有休息，可是在忙碌中她还把院子屋中收拾得清清爽爽。桌椅都是旧的，柜门的铜活①久已残缺不全，可是她的手老使破桌面上没有尘土，残破的铜活发着光。院中，父亲遗留下的几盆石榴与夹竹桃，永远会得到应有的浇灌与爱护，年年夏天开许多花。

哥哥似乎没有同我玩耍过。有时候，他去读书；有时候，他去学徒；有时候，他也去卖花生或樱桃之类的小东西。母亲含着泪把他送走，不到两天，又含着泪接他回来。我不明白这都是什么事，而只觉得与他很生疏。与母亲相依为命的是我与三姐。因此，她们作事，我老在后面跟着。她们浇花，我也张罗着取水；她们扫地，我就撮土……从这里，我学得了爱花，爱清洁，守秩序。这些习惯至今还被我保存着。

有客人来，无论手中怎么窘，母亲也要设法弄一点东西去款待。舅父与表哥们往往是自己掏钱买酒肉食，这使她脸上羞得飞红，可是殷勤的给他们温酒作面，又给她一些喜悦。遇上亲友家中有喜丧事，母亲必把大褂洗得干干净净，亲自去贺吊——份礼②也许只是两吊小钱。到如今如我的好客的习性，还未全改，尽管生活是这么清苦，因为自幼儿看惯了的事情是不易改掉的。

姑母常闹脾气。她单在鸡蛋里找骨头。她是我家中的阎王。直到我入了中学，她才死去，我可是没有看见母亲反抗过。"没受过婆婆的气，还不受大姑子的吗？命当如此！"母亲在非解释一下不足以平服别人的时候，才这样说。是的，命当如此。母亲活到老，穷到老，辛苦到老，全是命当如此。

---

① 【铜活】此处指器物上各种铜制的物件。
② 【份礼】指对办喜事或丧事的人表示祝贺或慰问时所送的钱或物。

她最会吃亏。给亲友邻居帮忙，她总跑在前面：她会给婴儿洗三①——穷朋友们可以因此少花一笔"请姥姥"②钱——她会刮痧③，她会给孩子们剃头，她会给少妇们绞脸④……凡是她能作的，都有求必应。但是吵嘴打架，永远没有她。她宁吃亏，不逗气。当姑母死去的时候，母亲似乎把一世的委屈都哭了出来，一直哭到坟地。不知道哪里来的一位侄子，声称有承继权，母亲便一声不响，教他搬走那些破桌子烂板凳，而且把姑母养的一只肥母鸡也送给他。

可是，母亲并不软弱。父亲死在庚子闹"拳"⑤的那一年。联军⑥入城，挨家搜索财物鸡鸭，我们被搜两次。母亲拉着哥哥与三姐坐在墙根，等着"鬼子"进门，街门是开着的。"鬼子"进门，一刺刀先把老黄狗刺死，而后入室搜索。他们走后，母亲把破衣箱搬起，才发现了我。假若箱子不空，我早就被压死了。皇上跑了，丈夫死了，"鬼子"来了，满城是血光火焰，可是母亲不怕，她要在刺刀下，饥荒中，保护着儿女。北平有多少变乱啊，有时候兵变了，街市整条的烧起，火团落在我们院中。有时候内战了，城门紧闭，铺店关门，昼夜响着枪炮。这惊恐，这紧张，再加上一家饮食的筹划，儿女安全的顾虑，岂是一个软弱的老寡妇所能受得起的？可是，在这种时候，母亲的心横起来，她不慌不哭，要从无办法中想出办法来。她的泪会往心中落！这点软而硬的个性，也传给了我。我对一切人与事，都取和平的态度，把吃亏看作当然的。但是，在作人上，我有一定的宗旨与基本的法则，什么事都可将就，而不能

---

① 【洗三】旧时小孩出生后第三天洗澡的俗称。
② 【姥姥】这里指接生婆。
③ 【刮痧（shā）】民间治疗某些疾患的一种方法，用铜钱等物蘸水或油刮患者的胸、背等处，使局部皮肤充血，减轻内部炎症。
④ 【绞脸】把一条线两股相交，用手扯住两头，通过有规律的抖动，绞去妇女脸上的细毛。
⑤ 【庚子闹"拳"】中国旧时以天干地支纪年，庚子，即公历 1900 年。"拳"，指义和团运动。
⑥ 【联军】指 1900 年英、美、德、法、俄、日、意、奥八国为侵略我国组成的多国军队。

超过自己划好的界限。我怕见生人，怕办杂事，怕出头露面；但是到了非我去不可的时候，我便不得不去，正像我的母亲。从私塾到小学，到中学，我经历过起码有廿位教师吧，其中有给我很大影响的，也有毫无影响的，但是我的真正的教师，把性格传给我的，是我的母亲。母亲并不识字，她给我的是生命的教育。

　　当我在小学毕了业的时候，亲友一致的愿意我去学手艺，好帮助母亲。我晓得我应当去找饭吃，以减轻母亲的勤劳困苦。可是，我也愿意升学。我偷偷的考入了师范学校——制服、饭食、书籍、宿处都由学校供给。只有这样，我才敢对母亲提升学的话。入学，要交十元的保证金。这是一笔巨款！母亲作了半个月的难，把这巨款筹到，而后含泪把我送出门去。她不辞劳苦，只要儿子有出息。当我由师范毕业，而被派为小学校校长，母亲与我都一夜不曾合眼。我只说了句："以后，您可以歇一歇了！"她的回答只有一串串的眼泪。我入学之后，三姐结了婚。母亲对儿女是都一样疼爱的，但是假若她也有点偏爱的话，她应当偏爱三姐，因为自父亲死后，家中一切的事情都是母亲和三姐共同撑持的。三姐是母亲的右手。但是母亲知道这右手必须割去，她不能为自己的便利而耽误了女儿的青春。当花轿来到我们的破门外的时候，母亲的手就和冰一样的凉，脸上没有血色——那是阴历四月，天气很暖。大家都怕她晕过去。可是，她挣扎着，咬着嘴唇，手扶着门框，看花轿徐徐的走去。不久，姑母死了。三姐已出嫁，哥哥不在家，我又住学校，家中只剩母亲自己。她还须自晓至晚的操作，可是终日没人和她说一句话。新年到了，正赶上政府倡用阳历，不许过旧年。除夕，我请了两小时的假，由拥挤不堪的街市回到清炉冷灶的家中。母亲笑了。及至听说我还须回校，她愣住了。半天，她才叹出一口气来。到我该走的时候，她递给我一些花生，"去吧，小子！"街上是那么热闹，我却什么也没看见，泪遮迷了我的眼。今天，泪又遮住了我的眼，又想起当日孤独的过那凄惨的除夕的慈母。可是慈母不会再候盼着我了，她已入了土！

儿女的生命是不依顺着父母所设下的轨道一直前进的，所以老人总免不了伤心。我廿三岁，母亲要我结了婚，我不要。我请来三姐给我说情，老母含泪点了头。我爱母亲，但是我给了她最大的打击。时代使我成为逆子。廿七岁，我上了英国。为了自己，我给六十多岁的老母以第二次打击。在她七十大寿的那一天，我还远在异域。那天，据姐姐们后来告诉我，老太太只喝了两口酒，很早的便睡下。她想念她的幼子，而不便说出来。

七七抗战①后，我由济南逃出来。北平又像庚子那年似的被"鬼子"占据了，可是母亲日夜惦念的幼子却跑西南来。母亲怎样想念我，我可以想象得到，可是我不能回去。每逢接到家信，我总不敢马上拆看，我怕，怕，怕，怕有那不祥的消息。人，即使活到八九十岁，有母亲便可以多少还有点孩子气。失了慈母便像花插在瓶子里，虽然还有色有香，却失去了根。有母亲的人，心里是安定的。我怕，怕，怕家信中带来不好的消息，告诉我已是失了根的花草。

去年一年，我在家信中找不到关于老母的起居情况。我疑虑，害怕。我想象得到，如有不幸，家中念我流亡孤苦，或不忍相告。母亲的生日是在九月，我在八月半写去祝寿的信，算计着会在寿日之前到达。信中嘱咐千万把寿日的详情写来，使我不再疑虑。十二月二十六日，由文化劳军的大会上回来，我接到家信。我不敢拆读。就寝前，我拆开信，母亲已去世一年了！

生命是母亲给我的。我之能长大成人，是母亲的血汗灌养的。我之能成为一个不十分坏的人，是母亲感化的。我的性格、习惯，是母亲传给的。她一世未曾享过一天福，临死还吃的是粗粮。唉！还说什么呢？心痛！心痛！

---

① 【七七抗战】指 1937 年 7 月 7 日卢沟桥事变。

思考与练习

一、联系上下文,品读下列句子中加点的词语。

1.(1)在我的记忆中,她的手终年是鲜红微肿的。

(2)她终年没有休息,可是在忙碌中她还把院子屋中收拾得清清爽爽。

(作者为什么在文中反复强调"终年"?)

2.从这里,我学得了爱花,爱清洁,守秩序。这些习惯至今还被我保存着。("这里"具体是指哪里?"这些习惯"指的是哪些习惯?)

3.我怕,怕,怕家信中带来不好的消息,告诉我已是失了根的花草。(为什么连用三个"怕"?"失了根的花草"用了哪一种修辞方法?其在文中的意思是什么?)

二、课文围绕母亲主要写了哪几件事情?从这些事情中可以看出母亲的哪些性格?结合课文中作者即事抒情的语句,说一说作者从母亲的身上获得了哪些为人处世的启示。

三、在整体感知课文的基础上，精读课文第 13 自然段，说说下列各句表现了母亲什么样的思想感情

  1.母亲作了半个月的难，把这巨款筹到，而后含泪把我送出门去。

  2.当我由师范毕业，而被派为小学校校长，母亲与我都一夜不曾合眼。我只说了句："以后，您可以歇一歇了！"她的回答只有一串串的眼泪。

  3.她挣扎着，咬着嘴唇，手扶着门框，看花轿徐徐的走去。

  4.除夕，我请了两小时的假，由拥挤不堪的街市回到清炉冷灶的家中。母亲笑了。及至听说我还须回校，她愣住了。半天，她才叹出一口气来。到我该走的时候，她递给我一些花生，"去吧，小子！"

四、文章最后一段写道："生命是母亲给我的。我之能长大成人，是母亲的血汗灌养的。我之能成为一个不十分坏的人，是母亲感化的。我的性格、习惯，是母亲传给的。"联系全文，结合自己的成长过程，说说你对这几句话的理解。

五、读读记记

  1.再没有什么能比人的母亲更为伟大。 ——【美国】惠特曼
  2.世界上有一种最美丽的声音，那就是母亲的呼唤。 ——【意大利】但丁

8 两个感恩节的绅士

【美国】欧·亨利[①]

· 课文导读 ·

　　本文讲述的是在一年一度的美国重要节日——感恩节当天,一名老绅士信守九年来的无言约定邀请流浪汉斯塔弗·皮特享用感恩节大餐,而流浪汉皮特虽然已经因意外情况饱食了感恩节大餐,但为了不让老绅士失望,也遵守九年之约,假装无尽享受地拼命撑下了双份的感恩节大餐,结果是和老绅士分别后,就撑倒在了街头,最后被送进了医院,生命岌岌可危。这一切似乎仍发生在我们的意料之内,但之后作者笔锋一转,就在皮特被抬入医院的一个小时之后,老绅士也被送进了医院,并且在小说结尾,作者借年轻医生之口诉出了事情的真相:原来老绅士已经三天没有吃任何东西,饿得奄奄一息了。一个是为了信诺而差点撑死,一个是为了信诺而差点饿死。并不饥饿的流浪汉和家道没落的老绅士为了在感恩节这个特别的日子让对方继续感到欢愉而舍命遵守了感恩节的优良传统。

　　斯塔弗·皮特坐在联合广场喷泉对面人行道旁边的第三条长凳上。九年来,每逢感恩节[②],他总是不早不迟,在一点钟的时候坐在老地方。但是,斯塔

[①] 欧·亨利(1862—1910),美国著名批判现实主义作家,世界三大短篇小说巨匠之一,主要作品有《爱的牺牲》《警察与赞美诗》《带家具出租的房间》《麦琪的礼物》《最后一片叶子》等。
[②] 【感恩节】美国人民独创的一个古老节日,也是美国人合家欢聚的节日。起初感恩节没有固定日期,由美国各州临时决定。直到美国独立后的1863年,林肯宣布感恩节为全国性节日。1941年,美国国会正式将每年11月第四个星期四定为"感恩节"。感恩节假期一般会从星期四持续到星期天。

弗·皮特今天出现在一年一度的约会地点,似乎是出于习惯,而不是出于饥饿。

皮特一点儿也不饿。来这儿之前他刚刚大吃了一顿,如今只剩下呼吸和挪动的力气了。他的衣服当然褴褛,衬衫前襟一直豁到心口,可是夹着雪花的十一月的微风只给他带来一种可喜的凉爽。因为那顿特别丰富的饭菜所产生的热量,使得斯塔弗·皮特不胜负担。

那顿饭完全出乎他意料之外。他路过五马路起点附近的一幢红砖住宅,那里住有两位尊重传统的老太太。她们派一个佣人等在侧门口,吩咐他在正午过后把第一个饥饿的过路人请进来,让他大吃大喝,饱餐一顿。斯塔弗·皮特去公园时,碰巧路过那里,给管家请了进去,成全了城堡里的传统。

斯塔弗·皮特朝前面直瞪瞪地望了十分钟之后,觉得很想换换眼界。他费了好大的劲儿,才慢慢把头扭向左面。这时,他的眼球惊恐地鼓了出来,他的呼吸停止了,他那穿着破皮鞋的短脚在砂砾地上簌簌地扭动着。

因为那位老先生正穿过马路,朝他坐着的方向走来。

九年来,每逢感恩节,这位老先生总是来这儿寻找坐在长凳上的斯塔弗·皮特,总是带他到一家饭馆里去,看他美餐一顿。

老先生又高又瘦,年过花甲。他穿着一身黑衣服,鼻子上架着一副不稳当的老花眼镜。他的头发比去年白一点儿,稀一点儿,而且好像比去年更借重那支粗而多节的曲柄拐杖。

斯塔弗·皮特眼看他的老恩人走近,不禁呼吸短促,直打哆嗦。

"你好。"老先生说,"我很高兴见到一年的变迁对你并没有什么影响,你仍旧很健旺地在这个美好的世界上逍遥自在。仅仅为了这一点幸福,今天这个感恩节对我们两人都有很大的意义。假如你愿意跟我一起来,朋友,我预备请你吃顿饭,让你的身心取得协调。"

老先生每次都说同样的话。九年来的每一个感恩节都是这样。这些话本身几乎成了一个制度。除《独立宣言》①之外，没有什么可以同它相比了。以前在斯塔弗听来，它们像音乐一般美妙。现今他却愁眉苦脸，眼泪汪汪地抬头看着老先生的脸。细雪落到斯塔弗的汗水淋漓的额头上，几乎咝咝发响。但是老先生却在微微打战，他掉转身子，背朝着风。

斯塔弗抬着头，瞅了他一会儿，自怨自艾②，好不烦恼，可是又束手无策。老先生的眼睛里闪出光亮，他脸上的皱纹一年比一年深，但他那小小的黑领结依然非常神气，他的衬衫又白又漂亮，他那两撇灰胡髭典雅地翘着。

"谢谢你，先生。非常感谢，我跟你一起去。我饿极啦，先生。"

饱胀引起的昏昏沉沉的感觉，并没有动摇斯塔弗脑子里的那个信念。老先生带着他的一年一度的受惠者，朝南去到那家饭馆和那张年年举行盛宴的桌子。

"老家伙来啦，"一个侍者说，"他每年感恩节都请那个穷汉吃上一顿。"侍者在桌子上摆满了节日的食物——斯塔弗叹了口气，举起了刀叉。

在敌军中杀开一条血路的英雄都没有他这样勇敢。火鸡、肉排、汤、蔬菜、馅饼，一端到他面前就不见了。他跨进饭馆的时候，肚子里已经塞得实实足足，食物的气味几乎使他丧失绅士的荣誉，但他却像一个真正的骑士，打起精神，坚持到底。

一小时之后，斯塔弗往后一靠，这一仗已经打赢了。

"多谢你，先生，"他像一根漏气的蒸气管子那样呼哧呼哧地说，"多谢你赏了一顿称心的中饭。"

接着，他两眼发直，费劲地站起身来。一个侍者把他像陀螺似的打了一个转，推他走向门口。老先生仔仔细细地数出一块三毛钱的小银币，另外给

---

① 【《独立宣言》】是北美洲13个英属殖民地宣告自大不列颠王国独立，并宣明此举正当性之文告。
② 【自怨自艾（yì）】本义指悔恨自己的错误，自己改正，现在仅指悔恨。怨，怨恨；艾，割草，比喻改正错误。

了侍者三枚镍币做小费。

他们像往年那样，在门口分了手，老先生往南，斯塔弗往北。

在第一个拐角上，斯塔弗转过身，站了一会儿。接着，他的破旧衣服像猫头鹰的羽毛似的鼓了起来，他自己则像一匹中暑的马那样，倒在人行道上。

救护车开到，年轻的医生和司机低声咒骂他的笨重。既然没有威士忌的气息，也就没有理由把他移交给警察局的巡逻车，于是斯塔弗和他肚子里的双份饭就给带到医院里去了。

过了一小时，另一辆救护车把老先生送来了。他们把他放在另一张床上。

不多久，一个年轻的医生碰到一个眼睛讨他喜欢的年轻的护士，便停住脚步，跟她谈谈病人的情况。

"那个体面的老先生，"他说，"你怎么都猜不到，他几乎要饿死了。从前大概是名门世家①，如今落魄②了。他告诉我说，他已经三天没吃东西了。"

思考与练习

一、给下列加点字注音

前襟（　　）幢（　　）褴褛（　　）砂砾（　　）
胡髭（　　）繁（　　）自怨自艾（　　）呼哧（　　）镍（　　）

---

① 【名门世家】在一个地方居住几百年至几千年有名望的家族。
② 【落魄】潦倒失意。

二、通读全文，回答下面问题

　　1. 老先生是一个什么样的人？结合课文简要概括。

　　2. 第 15 段的语言很有特色，请进行赏析。

　　3. 欧·亨利小说的结尾总使人感到"在意料之外"，又"在情理之中"，请结合这篇小说的故事情节，简要分析。

三、"感恩"是人类的永恒话题，请结合课文，并联系实际谈谈你的认识。

四、读读记记

1. 生活需要一颗感恩的心来创造，一颗感恩的心需要生活来滋养。

——【中国】王符

2. 慈善的行为比金钱更能解除别人的痛苦。　　——【法国】卢梭

9 大堰河——我的保姆[①]

艾 青

·课文导读·

《大堰河——我的保姆》是艾青的成名作,是一个地主阶级叛逆的儿子献给他的真正母亲——中国大地善良而不幸的普通农妇的颂歌。作者通过对自己的乳母的回忆与追思,抒发了对贫苦农妇大堰河的怀念、感激和赞美之情,从而激发人们对旧中国广大劳动妇女悲惨命运的同情,对这"不公道的世界"的强烈仇恨。

这首诗感情真挚深切,作者对大堰河深厚的感情,都表现在娓娓动情的陈述之中,阅读时认真加以体会。

大堰河,是我的保姆。
她的名字就是生她的村庄的名字,
她是童养媳,
大堰河,是我的保姆。

我是地主的儿子,

[①] 选自《艾青诗选:英汉对照》(中国文学出版社、外语教学与研究出版社1999年版)。艾青(1910—1996),浙江金华人,文学家、诗人,主要作品有《北方》《我爱这土地》《黎明的通知》《愿春天早点来》《向太阳》等。曾获法国文学艺术最高勋章。大堰河,即浙江金华方言中"大叶荷"的谐音。艾青的奶妈是大叶荷村人,她是童养媳,没有自己的名字,当地人因此就叫她"大叶荷"。

也是吃了大堰河的奶而长大了的
大堰河的儿子。
大堰河以养育我而养育她的家,
而我,是吃了你的奶而被养育了的,
大堰河啊,我的保姆。

艾青雕像

大堰河,今天我看到雪使我想起了你:
你的被雪压着的草盖的坟墓,
你的关闭了的故居檐头的枯死的瓦菲①,
你的被典押了的一丈平方的园地,
你的门前的长了青苔的石椅,
大堰河,今天我看到雪使我想起了你。

你用你厚大的手掌把我抱在怀里,抚摸我;
在你搭好了灶火之后,
在你拍去了围裙上的炭灰之后,

---

① 【瓦菲】生长在瓦缝中的野草。

在你尝到饭已煮熟了之后,

在你把乌黑的酱碗放到乌黑的桌子上之后,

在你补好了儿子们的为山腰的荆棘扯破的衣服之后,

在你把小儿被柴刀砍伤了的手包好之后,

在你把夫儿们的衬衣上的虱子一颗颗地掐死之后,

在你拿起了今天的第一颗鸡蛋之后,

你用你厚大的手掌把我抱在怀里,抚摸我。

我是地主的儿子,

在我吃光了你大堰河的奶之后,

我被生我的父母领回到自己的家里。

啊,大堰河,你为什么要哭?

我做了生我的父母家里的新客了!

我摸着红漆雕花的家具,

我摸着父母的睡床上金色的花纹,

我呆呆地看着檐头的我不认得的"天伦叙乐"的匾,

我摸着新换上的衣服的丝的和贝壳的纽扣,

我看着母亲怀里的不熟识的妹妹,

我坐着油漆过的安了火钵①的炕凳,

我吃着碾了三番的白米的饭,

但,我是这般忸怩②不安!因为我

---

① 【火钵(bō)】用来盛火取暖的瓦盆。钵,陶制的器具,形状像盆而小。

② 【忸怩(niǔ ní)】形容不好意思或不大方的样子。

我做了生我的父母家里的新客了。

大堰河,为了生活,

在她流尽了她的乳液之后,

她就开始用抱过我的两臂劳动了,

她含着笑,洗着我们的衣服,

她含着笑,提着菜篮到村边的结冰的池塘去,

她含着笑,切着冰屑悉索的萝卜,

她含着笑,用手掏着猪吃的麦糟,

她含着笑,扇着炖肉的炉子的火,

她含着笑,背了团箕[①]到广场上去,

晒好那些大豆和小麦,

大堰河,为了生活,

在她流尽了她的乳液之后,

她就用抱过我的两臂,劳动了。

大堰河,深爱着她的乳儿;

在年节里,为了他,忙着切那冬米[②]的糖,

为了他,常悄悄地走到村边的她的家里去,

为了他,走到她的身边叫一声"妈",

大堰河,把他画的大红大绿的关云长

贴在灶边的墙上,

大堰河,会对她的邻居夸口赞美她的乳儿;

---

① 【团箕(jī)】一种用竹篾或柳条编成的圆形器具,用来盛晒粮食等。
② 【冬米】即糯米,也叫江米。

大堰河曾做了一个不能对人说的梦：
在梦里，她吃着她的乳儿的婚酒，
坐在辉煌的结彩的堂上，
而她的娇美的媳妇亲切地叫她"婆婆"
……
大堰河，深爱着她的乳儿！

大堰河，在她的梦没有做醒的时候已死了。
她死时，乳儿不在她的旁侧，
她死时，平时打骂她的丈夫也为她流泪，
五个儿子，个个哭得很悲，
她死时，轻轻地呼着她的乳儿的名字，
大堰河，已死了，
她死时，乳儿不在她的旁侧。

大堰河，含泪地去了！
同着四十几年的人世生活的凌侮，
同着数不尽的奴隶的凄苦，
同着四块钱的棺材和几束稻草，
同着几尺长方的埋棺材的土地，
同着一手把的纸钱的灰，
大堰河，她含泪地去了。

这是大堰河所不知道的：
她的醉酒的丈夫已死去，

大儿做了土匪，
第二个死在炮火的烟里，
第三，第四，第五
在师傅和地主的叱骂声里过着日子。
而我，我是在写着给予这不公道的世界的咒语。

当我经了长长的漂泊回到故土时，
在山腰里，田野上，
兄弟们碰见时，是比六七年前更要亲密！
这，这是为你，静静地睡着的大堰河
所不知道的啊！

大堰河，今天，你的乳儿是在狱里，
写着一首呈给你的赞美诗，
呈给你黄土下紫色的灵魂，
呈给你拥抱过我的直伸着的手，
呈给你吻过我的唇，
呈给你泥黑的温柔的脸颜，
呈给你养育了我的乳房，
呈给你的儿子们，我的兄弟们，
呈给大地上一切的，
我的大堰河般的保姆和她们的儿子，
呈给爱我如爱她自己的儿子般的大堰河。

大堰河,

我是吃了你的奶而长大了的

你的儿子,

我敬你

爱你!

1933 年 1 月 14 日, 雪

思考与练习

一、这首诗是诗人献给他的"母亲"——一个普通中国农妇最真诚的颂歌。朗读这首诗,结合有关诗句,说说诗人笔下的大堰河是一个怎样的形象,体会诗人对这一形象所寄托的思想情感。

二、这首抒情长诗中有许多叙事成分和细节描写。试找出几例,说说它们对表达诗人情感所起的作用。

三、这首诗大量使用排比句式,多个诗节的首尾重复。反复朗读有关诗节,揣摩其表达效果。

四、读读记记

    1. 鸦有反哺之义,羊知跪乳之恩。　　　　　　　　　　　——《增广贤文》

    2. 我们几乎是在不知不觉地爱自己的父母,因为这种爱像人的活着一样自然,只有到了最后分别的时刻才能看到这种感情的根扎得多深。　——【法国】莫泊桑

10 陈情表①

李 密

• 课文导读 •

晋武帝征召李密为官，李密不愿应诏，就写了这篇文章表达自己不能应诏的苦衷。李密从自己幼年的不幸遭遇写起，说明自己与祖母相依为命的特殊感情。文章叙述委婉，辞意恳切，语言简洁生动，富有表现力与感染力。相传晋武帝看了此文后很受感动，特赏赐给李密奴婢二人，并命郡县按时给其祖母供养。

学习本文，要悉心体会文中所陈之"情"，并在积累文言词语的同时领悟文言文翻译"信、达、雅"的要求。

臣密言②：

臣以险衅③，夙遭闵凶④。生孩六月，慈父见背⑤。行年四岁⑥，舅夺母

---

① 选自《中国古代文学作品选读》（江西人民出版社1984年版）。陈，陈述。表，古代奏章的一种，多用于臣向君主陈说请求和愿望。李密（224—287），一名虔，字令伯，晋代犍为武阳（今四川省彭山县东）人。父早亡，母改嫁，由祖母刘氏抚养长大。李密对祖母特别孝敬而名扬于乡里。
② 【臣密言】开头先写明上表人的姓名，是表文的开头格式。当时的书信也是这样的格式。
③ 【险衅（xìn）】灾难祸患。指命运坎坷。
④ 【夙（sù）遭闵凶】夙，早。这里指幼年时。闵凶，忧患。
⑤ 【背】背弃。指死亡。
⑥ 【行年四岁】年纪到了四岁。行年，经历的年岁。

志①。祖母刘，悯②臣孤弱，躬亲抚养。臣少多疾病，九岁不行。零丁孤苦，至于成立③。既无伯叔，终鲜兄弟。门衰祚④薄，晚有儿息⑤。外无期功强近之亲⑥，内无应门五尺之僮⑦。茕茕子立⑧，形影相吊⑨。而刘夙婴⑩疾病，常在床蓐⑪。臣侍汤药，未曾废离⑫。

逮奉圣朝，沐浴清化⑬。前太守⑭臣逵，察臣孝廉⑮，后刺史⑯臣荣，举臣秀才⑰。臣以供养无主，辞不赴命。诏书特下，拜

---

① 【舅夺母志】舅父逼母改嫁。志，古时妇女夫死不嫁为"守志"。
② 【悯（mǐn）】悲痛、怜惜。
③ 【成立】长大成人。
④ 【祚（zuò）】福泽。
⑤ 【儿息】儿子。
⑥ 【期功强近之亲】指比较亲近的亲戚。古代丧礼制度以亲属关系的亲疏规定服丧时间的长短，服丧一年称"期"，九月称"大功"，五月称"小功"。
⑦ 【应门五尺之僮】指照管客来开门等事的小童。
⑧ 【茕（qióng）茕孑（jié）立】生活孤单无靠。
⑨ 【吊】安慰。
⑩ 【婴】纠缠。
⑪ 【蓐（rù）】同"褥"，褥子。
⑫ 【废离】废养而远离。
⑬ 【清化】清明的政治教化。
⑭ 【太守】郡的地方长官。
⑮ 【察臣孝廉】察，考察，这里是推举的意思。孝廉，当时推举人才的一种科目，"孝"指孝顺父母，"廉"指品行廉洁。
⑯ 【刺史】州的地方长官。
⑰ 【秀才】当时地方推举优秀人才的一种科目，由州推举，与后来经过考试的秀才不同。

臣郎中①,寻②蒙国恩,除臣洗马③。猥④以微贱,当侍东宫⑤。非臣陨首⑥所能上报。臣具以表闻,辞不就职。诏书切峻⑦,责臣逋慢⑧。郡县逼迫,催臣上道。州司⑨临门,急于星火。臣欲奉诏奔驰,则刘病日笃⑩;欲苟顺⑪私情,则告诉不许。臣之进退,实为狼狈。

伏惟⑫圣朝以孝治天下,凡在故老⑬,犹蒙矜育⑭;况臣孤苦,特为尤甚。且臣少仕伪朝⑮,历职郎署⑯,本图宦达,不矜⑰名节。今臣亡国贱俘,至微至陋,过蒙拔擢,宠命优渥⑱,岂敢盘桓,有所希冀。但以刘日薄西山,气息奄奄,人命危浅,朝不虑夕。臣无祖母,无以至今日;祖母无臣,无以终余年。母孙二人,更相为命。是以区区⑲,不能废远。臣密今年四十有四,祖母刘

---

① 【拜臣郎中】拜,授官。郎中,官名。晋时各部有郎中。
② 【寻】不久。
③ 【除臣洗马】除,任命官职。洗马,官名。太子的属官,在宫中服役,掌管图书。
④ 【猥】辱。自谦之词。
⑤ 【东宫】太子居住的地方。这里指太子。
⑥ 【陨(yǔn)首】丧命。
⑦ 【切峻】急切严厉。
⑧ 【逋(bū)慢】回避怠慢。
⑨ 【州司】州官。
⑩ 【日笃】日益沉重。
⑪ 【苟顺】姑且迁就。
⑫ 【伏惟】旧时奏疏、书信中下级对上级常用的敬语。
⑬ 【故老】遗老。
⑭ 【矜育】怜惜抚育。
⑮ 【伪朝】指蜀汉。
⑯ 【历职郎署】指曾在蜀汉官署中担任过郎官职务。
⑰ 【矜】矜持爱惜。
⑱ 【宠命优渥(wò)】宠命,恩命。指拜郎中、洗马等官职。优渥,优厚。
⑲ 【区区】形容感情恳切。

今年九十有六，是臣尽节于陛下①之日长，报刘之日短也。乌鸟私情②，愿乞终养。

臣之辛苦，非独蜀之人士及二州牧伯所见明知③，皇天后土④，实所共鉴。愿陛下矜愍愚诚⑤，听⑥臣微志。庶刘侥幸，保卒余年。臣生当陨首，死当结草⑦。

臣不胜犬马⑧怖惧之情，谨拜表以闻。

思考与练习

一、给下列加点字注音

衅（　）　闵（　）　愍（　）　祚（　）　僮（　）　茕（　）
夙（　）　蓐（　）　逮（　）　猥（　）　陨（　）　逋（　）
擢（　）　渥（　）　桓（　）　奄（　）

---

① 【陛下】对帝王的尊称。
② 【乌鸟私情】相传乌鸦能反哺，常用来比喻子女对父母的孝养之情。
③ 【非独蜀之人士及二州牧伯所见明知】二州，指益州和梁州。益州治所在今四川省成都市，梁州治所在今陕西省勉县东，二州区域大致相当于蜀汉所统辖的范围。牧伯，刺史。上古一州的长官称牧，又称方伯，所以后代以牧伯称刺史。
④ 【皇天后土】犹言天地神明。
⑤ 【愚诚】愚拙的至诚之心。
⑥ 【听】听许，同意。
⑦ 【结草】据《左传·宣公十五年》记载，晋国大夫魏武子临死的时候，嘱咐他的儿子魏颗，把他的遗妾杀死以后殉葬。魏颗没有照他父亲说的话做。后来魏颗跟秦国的杜回作战，看见一个老人把草打了结将杜回绊倒，杜回因此被擒。到了晚上，魏颗梦见结草的老人，他自称是没有被杀死的魏武子遗妾的父亲。人们后来就把"结草"用来作为报答恩人心愿的表示。
⑧ 【犬马】作者自比，表示谦卑。

二、李密为什么"辞不就职"呢?大致有哪些原因?

三、你认为打动晋武帝的是李密在文中表达的怎样的情感?

四、文学史上,臣属给皇帝的奏议,以情真意切倾诉感人的,常把诸葛亮的《出师表》和李密的《陈情表》并提;以获得帝王认可难度高,但又终获认可的,则常把李斯的《谏逐客书》和李密的《陈情表》同论。请利用课余时间对这三篇文章进行比较阅读。

五、读读记记

　　1.地之性,人为贵。人之行,莫大于孝。　　　　　　　　——《孝经》

　　2.孝子之事亲也,居则致其敬,养则致其乐,病则致其忧,丧则致其哀,祭则致其严,五者备矣,然后能事亲。　　——【中国】春秋·孔子

应用写作练习：简历与求职信

【相关知识】

1.了解简历与求职信基本格式和写法。

2.学写格式规范、内容恰当的简历与求职信。

【项目任务】

1.任务一　简历

2.任务二　求职信

【行动过程】

1.了解简历与求职信的基本格式和写作要求。

2.掌握简历与求职信的写法。

简历是指求职者提供给招聘单位关于自己的简要介绍，包含自己的基本信息：姓名、性别、年龄、民族、籍贯，以及自我评价、工作实践经历、荣誉与成就等。

简历以内容简洁、重点突出为优秀标准，良好的简历对于获得面试机会至关重要。

求职信是求职者向自己所要谋求职业的单位进行自我介绍，以谋求录用的一种应用文体。招聘人员通常借由求职信过滤出对该职位有兴趣且具能力的应征者。因此写好求职信能为求职者赢得更多的面试或就业机会。

求职信是一种私人对公并有求于公的信函。它的格式有一定的要求，一般包括标题、称呼、正文、落款和附件等几个部分，内容要求简练、明确，切忌模糊、笼统、面面俱到。

项目一 简历

任务导入

  市场营销1802班张林同学马上要毕业了，为了找到心仪的工作，他制作了一份个人简历。

个人简历

姓　　名： 张　林　　　　**性别：** 男　　　　**出生年月：** ×年×月×日

毕业院校： ××学校　　　　　　　　　　**专　　业：** 市场营销

工作实践经历： 做过家教，发过传单

自我评价： 性格开朗，勤奋努力，热情大方，乐于学习

  同学们，你们知道张林同学的这份个人简历存在哪些问题吗？你能帮他制作一份符合要求的个人简历吗？

任务一 简历的制作

一、认识简历

  例文

林琳
求职意向：护士

Address: 合肥

Tel.:13888886666

E-mail:12345678@qq.com

教育背景

2014.09–2019.07
××中药科技学校
临床医学（五年制大专）
主修课程：
　　人体解剖学、外科学、内科学、妇产科学、儿科学、药理学、病理学、诊断学基础、微生物与免疫学、耳鼻咽喉头颈外科学、急诊医学、大学英语等。

实践经历

2018.05–2019.01　　　××医院　　　实习生
工作职责：
- 在上级医师的指导下，负责管理分管的临床医疗工作。
- 接到新病人后，在上级医师的指导下询问病史与协助上级医师处理诊疗工作。
- 跟带教老师上手术，学习基本手术操作。

工作成果：
- 通过实践与理论的结合，掌握了临床各科室的特点及各科室常见多发病人的诊治。
- 掌握了常见化验的正常值和临床意义及各类危、重、急病人的紧急处理。
- 积极学习基本临床技能操作后，能熟练掌握导尿、气管插管、打石膏、验光、清创缝合换药拆线、CPR等。
- 实习期间，体验了临床岗位的日常工作，表现优异，经常获得带教老师的表扬。

技能证书

CET-6，优秀的听说能力
计算机二级，熟悉计算机各项操作CCT
计算机二级，熟练使用Office办公软件

自我评价

有扎实的临床知识基础与丰富的实践经验，
工作中善于分析和吸取经验。
临床操作熟练，有敏捷的反应速度，对突发情况能很快作出应对。

　　点评：这份个人简历格式规范、条块清晰、重点突出、内容充实，同学们在制作简历时可以参考。

二、必备知识

简历是获得面试机会的敲门砖，它对于应届毕业生顺利找到工作的重要性不言而喻，因此我们一定要从思想上重视，认真对待。

可能有的同学不太有自信，觉得自己没什么过人之处，因此制作简历的时候就很随意，往往随便找个简历模板填填或直接复制同学的模板，只把个人情况改改。这样是对自己的不负责任。每个人身上都有属于自己的闪光点，要认真挖掘自己的优势，力争把自己的简历做得"有分量"。

制作简历时要注意以下几点：

1. 针对性强

企业对不同岗位的职业技能与素质需求各不一样。因此，最好根据招聘企业的特点及职位要求进行量身定制，不要一份简历"打天下"。

2. 言简意赅

一个岗位会收到很多封简历，招聘人员查看简历的时间相当有限。因此，简历内容要言简意赅，大多数岗位简历的篇幅最好不超过两页，尽量写成一页（技术相关工作岗位可写成两至三页）。

3. 突出重点，强化优势

要突出与目标岗位相关的个人优势，包括职业技能与素质及经历，尽量量化，用数字和案例说话。

4. 格式方便阅读

应根据自身情况对自己的简历进行合理设计。一般包括个人基本信息、教育背景、相关技能、实践经历、奖项荣誉等部分，可根据自己具体情况添加。不要把简历做得花里胡哨的，要看起来舒服。

5. 逻辑清晰，层次分明

要注意语言表达技巧，不要颠三倒四。

6. 客观真实

可根据自身情况结合求职意向进行纵深挖掘,合理优化,但不能夸大其辞、弄虚作假。

一般来说,简历上的文字不会太多,因此一定要字斟句酌,注意措辞,要反复打磨,不能出现错别字、语句不通、标点错误等问题。

三、任务实施

1. 请按照"任务导入"中的要求完成规定任务。

2. 请为自己制作一份个人简历。

项目二　求职信

任务导入

市场营销1802班张林同学在制作个人简历的同时写了一份求职信,你帮他看看,他的求职信写得如何?存在哪些问题?

求职信

××公司:

我是××学校市场营销专业的学生张林,我想应聘销售工作,谢谢。

张林
×年×月×日

请你结合自己的专业以及对毕业后工作的设想,按照求职信的写作格式和写作要求,拟写一封求职信。

任务二 求职信的写作

一、认识求职信

例文

求 职 信

尊敬的领导：

　　感谢您在百忙之中翻阅我的自荐材料。我叫××，是中国地质大学（北京）人文经管学院2018级管理工程专业（市场营销）的本科毕业生。

　　在大学的前三年中，我进修了本专业及相关专业的理论知识，并以优异的成绩完成了这些课程的学习，为以后的工作打下了坚实的专业理论基础。同时，我注重外语的学习，具有一定的英语听说读写能力，并通过了大学英语国家四级测试，还学习了初级日语。在科技迅猛发展的今天，我不断汲取新知识，熟练掌握了计算机的基本理论和应用技术，已通过了国家计算机二级（C语言）考试。现在，我正在为通过国家计算机三级测试而努力。

　　三年来，我一直担任学生会工作，致力于学生活动的组织，曾先后担任校学生会体育部副部长，院学生会体育部长、常委、副主席等职务。三年的学生工作培养了我的团队协作精神，提高了我的组织协调能力。在组织学生活动的同时，我也参加学校和社会的各项活动，努力培养自己的各种兴趣爱好，养成了良好的工作作风和处世态度。

　　在院领导、老师的支持和自身的努力下，我在学习和工作中都取得了优异的成绩，不仅完善了知识结构，还锻炼了我的意志，提高了我的能力，并光荣加入了中国共产党。

　　恕冒昧，如果我能成为贵公司的一员，我定当把我的热情和能力投入到工作中去。

　　此致

敬礼！

求职人：××

2018 年 8 月 20 日

附：个人简历一份

【点评】

这是一份大学毕业生的求职信。求职者态度诚恳，介绍全面，既向用人单位介绍了自己在学校学习的知识和掌握的程度，又向用人单位说明了自己担任社会工作的情况，以及自己的工作态度。这些正是企业对员工基本素养的要求。另外，该求职信格式规范，层次清晰，语言通畅，这些也会给用人单位留下良好的"第一印象"。这份求职信可以成为毕业生写求职信的"样本"。

二、必备知识

（一）求职信的内容与格式

求职信的要素是"求"，因此在书写求职信时应围绕"为什么求""凭什么求"和"怎样求"来安排结构。

求职信一般包括标题、称呼、正文、落款和附件五个部分。

1. 标题

标题是求职信的标志，通常使用较大的字体在页面正上方的中央位置标注"求职信"，显得醒目、简洁、庄重。

2. 称呼

如用人单位明确，可直接写出单位名称。一般在前面冠以"尊敬的"加以修饰，后以领导职务或统称"领导"落笔。如单位不明确，则用统称"尊敬的贵单位领导"，最好不要直接写该单位最高领导。

3. 正文

正文是求职信的核心部分。一般包括自我简介、求职目的、条件展示、个人愿望和结语五项内容。

自我简介应根据需要进行选择说明，注意简洁，切忌冗长。

求职目的要写清楚信息来源、求职意向、谋求的职位(岗位)等项目，要写得明确具体，并要把握分寸、简明扼要。

条件展示是求职信的重要内容，要针对所求工作岗位，突出自己的才能和特长。

个人愿望是表明自己希望加入对方单位的态度，要自然恳切、不卑不亢。

结语是在结尾，按一般书信格式写上祝愿的话语，如"此致敬礼""恭候佳音"之类。

4. 落款

位于正文的右下方，写上求职人姓名、时间等。如果求职信为打印件或复印件，则应在落款处留下空白，由求职人亲笔签名，以示尊敬。

5. 附件

主要包括联系方法、个人简历、各类证书和文章复印件，其他需要说明的材料也可作为附件一一列出。附件的位置一般在落款下一行的左下方。

（二）写作求职信的要求

1. 求真务实，内容明确

写求职信务必本着实事求是的态度，如实写明自身情况，切不可弄虚作假。自我评价应尽量客观。对于自身情况，应多摆事实而少下结论。

2. 富有个性，针对性强

求职信的首要目的是力求吸引对方，引起对方兴趣。应针对所求职业，突出自己的特长和个性。在信的内容和形式上力求新颖，不落俗套。

3. 掌握分寸，措辞得体

写求职信应态度谦虚，语气委婉，称呼应为尊称，用"您""阁下""先生"等。同时要表现出信心，做到自信而不自大，自谦而不自卑。形容词要用比较级，不要用最高级，"很好""十分优秀"等用语要避免使用。

4. 有的放矢，言简意赅

应尽可能多地搜集目标单位的信息资料，也可在信中表明对该单位的印象。到不同性质的单位、岗位应聘，应有内容侧重不同的求职信，切忌不分对象写一个版本复制后到处投递。求职信的内容应控制在两页之内。文字要反复推敲，意思要表达清楚，用语要得当，文法及标点力求准确无误。

三、任务实施

请按照"任务导入"中的要求完成规定任务。

第三单元

生命赞歌

单元导语

  本单元选取的五篇课文都是关于生命的。生命对于每个人都只有一次，那么我们应该怎样对待这弥足珍贵的生命呢？林夕在《石缝间的生命》中告诉我们要学习石缝间的生命的那种倔强和崇高的品格，启示我们要做驾驭生活的强者；海明威在《老人与海》中体现出来的"百折不挠、坚强不屈、敢于面对暴力和死亡"的硬汉精神，值得我们每一个人学习；兰晓龙的作品《士兵突击》告诉我们无论做什么事都要有"不抛弃、不放弃"的精神；杰克·伦敦的作品《热爱生命》则生动地描写出了生命的坚韧与顽强，奏响了生命的赞歌，有着撼人心魄的力量；《歌词二首》则让我们从励志歌曲《隐形的翅膀》和《怒放的生命》中汲取力量，让我们自信、坚强，勇敢地朝着自己的目标前进，追寻属于自己的梦想！

  本单元口语交际训练为求职面试（下），介绍面试前应做的准备工作，面试时应注意的问题、面试中的非语言技巧等，引导即将走向工作岗位的同学正确应对应聘面试。

11 石缝间的生命①

林 希

• 课文导读 •

《石缝间的生命》是一篇托物言志、富有人生哲理的散文，作者通过对"撒落到海角天涯"的石缝间的生命的描述，赞美了石缝间的生命的那种倔强和崇高的品格，阐述了生命的内涵就是拼搏，启示我们要做驾驭生活的强者。

石缝间倔强的生命，常使我感动得潸然②泪下。

是那不定的风把那无人采撷③的种子撒落到海角天涯。当它们不能再找到泥土，它们便把最后一线生的希望寄托在这一线石缝里。尽管它们也能从阳光中分享到温暖，从雨水里得到湿润，而唯有那一切生命赖以生存的土壤却要自己去寻找。它们面对着的现实该是多么严峻。

于是，大自然出现了惊人的奇迹，不毛的石缝间丛生出倔强的生命。

或者只就是一簇一簇无名的野草，春绿秋黄，岁岁枯荣。它们没有条件生长宽阔的叶子，因为它们寻找不到足以使草叶变得肥厚的营养，它们有的只是三两片长长的细瘦的薄叶，那细微的叶脉告知你生存该是多么艰难；更有的，它们就在一簇一簇瘦叶下又自己生长出根须，只为了少向母体吮吸一

---

① 选自《励志美文赏析》（巴蜀书社2013年版）。林希（1935— ），原名侯红鹅，天津人，主要作品有《北洋遗怨》《爱、恨、任》《爱的荒原》《买办之家》《无名河》《小的儿》等。
② 【潸（shān）然】流泪的样子。
③ 【撷（xié）】摘下，取下。

点乳汁,便自去寻找那不易被觉察到的石缝。这就是生命。如果这是一种本能,那么它正说明生命的本能是多么尊贵,生命有权自认为辉煌壮丽,生机竟是这样地不可扼制。

或者就是一团一团小小的山花,大多又都是那苦苦的蒲公英。它们的茎叶里涌动着苦味的乳白色的浆汁,它们的根须在春天被人们挖去做野菜。而石缝间的蒲公英,却远不似田野

石缝间的生命

上的同宗生长得那样茁壮。它们因山风的凶狂而不能长成高高的躯干,它们因山石的贫瘠而不能拥有众多的叶片,它们的茎显得坚韧而苍老,它们的叶因枯萎而失去光泽;只有它们的根竟似那柔韧而又强固的筋条,似那柔中有刚的藤蔓,深埋在石缝间狭隘的间隙里;它们已经不能再去为人们作佐餐的鲜嫩的野菜,却默默地为攀登山路的人准备了一个可靠的抓手。生命就是这样地被环境规定着,又被环境改变着,适者生存的规律尽管无情,但一切的适者都是战胜环境的强者,生命现象告诉你,生命就是拼搏。

如果石缝间只有这些小花小草,也许还只能引起人们的哀怜;而最令人赞叹的,就在那石岩的缝隙间,还生长着参天的松柏,雄伟苍劲,巍峨挺拔。它们使高山有了灵气,使一切的生命在它们的面前显得苍白逊色。它们的躯干就是这样顽强地从石缝间生长出来,扭曲地、旋转地,每一寸树衣上都结着伤疤。向上,向上,向上是多么艰难。每生长一寸都要经过几度寒暑,几度春秋。然而它们终于长成了高树,伸展开了繁茂的枝干,团簇着永不凋落的针叶。它们耸立在悬崖断壁上,耸立在高山峻岭的峰巅,只有那盘结在石

崖上的树根在无声地向你述说，它们的生长是一次多么艰苦的拼搏。那粗如巨蟒，细如草蛇的树根，盘根错节，从一个石缝间扎进去，又从另一个石缝间钻出来，于是沿着无情的青石，它们延伸过去，像犀利的鹰爪抓住了它栖身的岩石。有时，一株松柏，它的根须竟要爬满半壁山崖，似把累累的山石用一根粗粗的缆绳紧紧地缚住，由此，它们才能迎击狂风暴雨的侵袭，它们才终于在不属于自己的生存空间为自己占有了一片天地。

如果一切的生命都不屑于去石缝间寻求立足的天地，那么，世界上就会有一大片一大片的大地方成为永远的死寂，飞鸟无处栖身，一切借花草树木赖以生存的生命就要绝迹，那里便会沦为永无开化之日的永远的黑暗。如果一切的生命都只贪恋于黑黝黝的沃土，它们又如何完备自己驾驭环境的能力，又如何使自己在一代一代的繁衍中变得愈加坚强呢？世界就是如此奇妙。试想，那石缝间的野草，一旦将它们的草籽撒落到肥沃的大地上，它们一定会比未经过风雨考验的娇嫩的种子具有更为旺盛的生机，长得更显繁茂；试想，那石缝间的蒲公英，一旦它们的种子，撑着团团的絮伞，随风飘向湿润的乡野，它们一定会比其他的花卉生长得茁壮，更能经暑耐寒；至于那顽强的松柏，它本来就是生命的崇高体现，是毅力和意志最完美的象征，它给一切的生命以鼓舞，以榜样。

愿一切生命不致因飘落在石缝间而凄凄艾艾。愿一切生命都敢于去寻求最艰苦的环境。生命正是要在最困厄的境遇中发现自己，认识自己，从而才能锤炼自己，成长自己，直到最后完成自己，升华自己。

石缝间顽强的生命，它既是生物学的，又是哲学的，是生物学和哲学的统一。它又是美学的，作为一种美学现象，它展现给你的不仅是装点荒山枯岭的层层葱绿，它更向你揭示出美的、壮丽的心灵世界。

石缝间顽强的生命，它是具有如此震慑人们心灵的情感力量，它使我们赖以生存的这个星球变得神奇辉煌。

> 思考与练习

一、给下列加点字注音

潸然（　　）　采撷（　　）　吮吸（　　）　扼制（　　）

贫瘠（　　）　巨蟒（　　）　逊色（　　）　犀利（　　）

繁衍（　　）　困厄（　　）　狭隘（　　）　簇（　　）

凄凄艾艾（　　）　黑黝黝（　　）

二、阅读全文，指出"石缝间倔强的生命"为什么使作者"感动得潸然泪下"？

三、下面这段话是作者由自然界生命本体的认识提升到人生哲理的一段议论。请你从读过的名著中，选择一个能体现这段议论内容的人物的生活经历，作概要的叙述。（要交代书名和作者）

"生命正是要在最困厄的境遇中发现自己，认识自己，从而才能锤炼自己，成长自己，直到最后完成自己，升华自己。"

四、读读记记

1. 生活就像海洋，只有意志坚强的人，才能到达彼岸。　——【德国】马克思
2. 咬定青山不放松，立根原在破岩中。千磨万击还坚劲，任尔东南西北风。

——【中国】清·郑板桥

12 老人与海（节选）①

【美国】 海明威

•课文导读•

孤单的老人，无边的大海，一场人与自然搏斗、人与命运抗争的惊心动魄的故事在他们之间发生。

老人说："一个人并不是生来要给打败的，你尽可把他消灭掉，可就是打不败他。"可是老人每取得一点胜利都付出了惨重的代价，最后仍然遭到无可挽救的失败。但老人虽败犹荣，老人身上体现出的"百折不挠、坚强不屈、敢于面对暴力和死亡"的硬汉精神，值得我们每一个人学习。

鲨鱼的出现不是偶然的。当一大股暗黑色的血沉在一英里深的海里然后又散开的时候，它就从下面水深的地方蹿上来。它游得那么快，什么也不放在眼里，一冲出蓝色的水面就涌现在太阳光下。然后它又钻进水里去，嗅出了臭迹，开始顺着船和鱼所走的航线游来。

有时候鲨鱼也迷失了臭迹，但很快就嗅出来，或者嗅出一点儿影子，于是紧紧顺着这条航线游。这是一条巨大的鲭鲨②，生来就跟海里游速最快的鱼一般快。它周身的一切都美，只除了上下颚。它的脊背蓝蓝的像是旗鱼的

---

① 选自《老人与海》（上海译文出版社 1979 年版），有改动。海明威（1899—1961），美国著名作家，主要作品有《老人与海》《太阳照常升起》《永别了，武器》《丧钟为谁而鸣》等，曾凭借《老人与海》获得诺贝尔文学奖。

② 【鲭（qīng）鲨】一种凶猛的大鲨鱼，身体庞大，长达 20 米。

脊背。肚子是银白色，皮是光滑的，漂亮的。它生得跟旗鱼一样，不同的是它那巨大的两颚，游得快的时候两颚紧闭起来。它在水面下游，高耸的脊鳍像刀子似的一动也不动地插在水里。在它紧闭的双嘴唇里，它的八排牙齿全部向内倾斜着。跟寻常大多数鲨鱼不同，它的牙齿不是角锥形的，像爪子一样缩在一起的时候，形状就如同人的手指头。那些牙齿几乎跟老头儿的手指头一般长，两边都有剃刀似的

海明威雕像

锋利的刃子。这种鱼天生要吃海里一切的鱼，尽管那些鱼游得那么快，身子那么强，战斗的武器那么好，以至于没有别的任何的敌手。现在，当它嗅出了新的臭迹的时候，它就加快游起来，它的蓝色的脊鳍划开了水面。

老头儿看见它来到，知道这是一条毫无畏惧而且为所欲为的鲨鱼。他把渔叉准备好，用绳子系住，眼也不眨地望着鲨鱼向前游来。绳子短了，少去他割掉用来绑鱼的那一段。

老头儿现在的头脑是清醒的，正常的，他有坚强的决心，但是希望不大。他想：能够撑下去就太好啦。看见鲨鱼越来越近的时候，他向那条死了的大鱼望了一眼。他想：这也许是一场梦。我不能够阻止它来害我，但是也许我可以捉住它。"Dentuso"①，他想。去你妈的吧。

鲨鱼飞快地逼近船后边。它去咬那条死鱼的时候，老头儿看见它的嘴大张着，看见它在猛力朝鱼尾巴上面的肉里咬进去的当儿，它那双使人惊奇的

---

① 【Dentuso】西班牙语，意为"牙齿锋利的"，这是当地对鲸鲨的俗称。

眼睛和咬得格崩格崩的牙齿。鲨鱼的头伸出水面上，它的脊背也正在露出来，老头儿用渔叉攮①到鲨鱼头上的时候，他听得出那条大鱼身上皮开肉绽的声音。他攮进的地方，是两只眼睛之间的那条线和从鼻子一直往上伸的那条线交叉的一点。事实上并没有这两条线。有的只是那又粗大又尖长的蓝色的头，两只大眼，和那咬得格崩格崩的、伸得长长的、吞噬一切的两颚。但那儿正是脑子的所在，老头儿就朝那一个地方扎进去了。他鼓起全身的气力，用他染了血的手把一杆锋利无比的渔叉扎了进去。他向它扎去的时候并没有抱着什么希望，但他抱有坚决的意志和狠毒无比的心肠。

鲨鱼在海里翻滚过来。老头儿看见它的眼珠已经没有生气了，但是它又翻滚了一下，滚得自己给绳子缠了两道。老头儿知道它是死定了，鲨鱼却不肯承认。接着，肚皮朝上，尾巴猛烈地扑打着水面，两颚格崩格崩地响着，像一只快艇一样在水面上破浪而去。海水给它的尾巴扑得白浪滔天，绳一拉紧，它的身子四分之三就脱出了水面，那绳不住地抖动，然后突然折断了。老头儿望着鲨鱼在水面上静静地躺了一会儿，后来它就慢慢地沉了下去。

"它咬去了大约四十磅。"老头儿高声说。他想：他把我的渔叉连绳子都带去啦，现在我的鱼又淌了血，恐怕还有别的鲨鱼会窜来呢。

他不忍朝死鱼多看一眼，因为它已经给咬得残缺不全了。鱼给咬住的时候，他真觉得跟自己身受的一样。

他想：能够撑下去就太好啦。这要是一场梦多好，但愿我没有钓到这条鱼，独自躺在床上的报纸上面。

"可是一个人并不是生来要给打败的，"他说，"你尽可把他消灭掉，可就是打不败他。"他想：不过这条鱼给我弄死了，我倒是过意不去。现在倒霉的时刻就要来到，我连渔叉也给丢啦。Dentuso 这个东西，既残忍，又能

---

① 【攮（nǎng）】刺。

干，既强壮，又聪明。可我比它更聪明。也许不吧，他想。也许我只是比它多了个武器吧。

"别想啦，老家伙，"他又放开嗓子说，"还是把船朝这条航线上开去，有了事儿就担当下来。"

"想点开心的事吧，老家伙，"他说，"每过一分钟就离家更近一步。丢掉了四十磅鱼肉，船走起来更轻快些。"

他很清楚，把船开到海流中间的时候会出现什么花样。但是现在一点办法也没有。

"得，有主意啦，"他大声说，"我可以把我的刀子绑在一只桨的把上。"

他把舵柄夹在胳肢窝里，用脚踩住帆脚绳，把刀子绑在桨把上了。

"啊，"他说，"我虽照旧是个老头儿。不过我不是赤手空拳罢了。"

这时风大了些，他的船顺利地往前驶着。他只看了看鱼的前面一部分，他又有点希望了。

他想：不抱着希望真蠢。此外我还觉得这样做是一桩罪过，他想：别想罪过了吧。不想罪过，事情已经够多啦，何况我也不懂得这种事。

我不懂得这种事，我也不怎么相信。把一条鱼弄死也许是一桩罪过。我猜想一定是罪过，虽然我把鱼弄死是为了养活自己也为了养活许多人。不过，那样一来什么都是罪过了，别想罪过了吧。现在想它也太迟啦，有些人是专门来考虑犯罪事儿的。让那些人去想吧。你生来是个打鱼的，正如鱼生来是条鱼。

他总喜欢去想一切跟他有关联的事情，同时因为没有书报看，也没有收音机，他就想得很多，尤其是不住地在想到罪过。他想，你把鱼弄死不仅仅是为了养活自己，卖去换东西吃。你弄死它是为了光荣，因为你是个打鱼的。它活着的时候你爱它，它死了你还是爱它。你既然爱它，把它弄死了就不是罪过。不然别的还有什么呢？

"你想得太多啦,老头儿。"他高声说。

他想:你倒很乐意把那条鲨鱼给弄死的。可是它跟你一样靠着吃活鱼过日子。它不是一个吃腐烂东西的动物,也不像有些鲨鱼似的,只是一个活的胃口。它是美丽的,崇高的,什么也不害怕。

"我弄死它是为了自卫,"老头儿又高声说,"我把它顺顺当当地给弄死啦。"

他想:况且,说到究竟,这一个总要杀死那一个。鱼一方面养活我,一方面要弄死我。孩子是要养活我的。我不能过分欺骗自己了。

他靠在船边上,从那条死鱼身上给鲨鱼咬过的地方撕下了一块肉。他嚼了一嚼,觉得肉很好,味道也香,像牲口的肉,又紧凑又有水分,可就是颜色不红。肉里面筋不多,他知道可以在市场上卖大价钱。可是他没法叫肉的气味不散到水里去,他知道倒霉透顶的事儿快要发生了。

风在不住地吹,稍微转到东北方去,他知道,这就是说风不会减退了。老头儿朝前面望了一望,但是他看不见帆,看不见船,也看不见船上冒出来的烟。只有飞鱼从船头那边飞出来,向两边仓皇地飞走,还有的就是一簇簇黄色的马尾藻。他连一只鸟儿也看不见。

他已经在海里走了两个钟头,在船艄歇着,有时候嚼嚼从马林鱼身上撕下来的肉,尽量使自己好好休息一下,攒些力气,这时他又看见了两条鲨鱼中间的第一条。

"呀!"他嚷了一声。这个声音没法表达出来,或许就像一个人在觉得一根钉子穿过他的手钉进木头里的时候不自主地发出的喊声吧。

"星鲨![①]"他高声说。他看见第二条鱼的鳍随着第一条鱼的鳍冒上来,

[①] 【星鲨】原文为"Calano"(加拉诺),意思是"杂色斑驳的",是一种鲨鱼的俗称。星鲨是一种小鲨鱼。这里将"Calano"译作"星鲨",以表示老人对犁头鲨的轻蔑。

根据那褐色的三角形的鳍和那摆来摆去的尾巴，他认出这是两条犁头鲨①。它们嗅出了臭迹以后就兴奋起来，因为饿得发呆了，它们在兴奋中一会儿迷失了臭迹，一会儿又把臭迹找出来。但是它们却始终不停地向前逼近。

老头儿系上帆脚绳，把舵柄夹紧。然后拿起了上面绑着刀子的桨。他轻轻地把桨举起来，尽量轻轻地，因为他的手痛得不听使唤了。然后，他又把手张开，再轻轻地把桨攥住，让手轻松一些。这一次他攥得很紧，让手忍住了疼痛不缩回来，一面注意着鲨鱼的来到。他看得见它们的阔大的、扁平的铲尖儿似的头，以及那带白尖儿的宽宽的胸鳍。这是两条气味难闻的讨厌的鲨鱼，是吃腐烂东西的，又是凶残嗜杀的。饥饿的时候，它们会去咬一把桨或者船的舵。这些鲨鱼会趁海龟在水面上睡觉的时候就把它们的四肢咬掉。它们饥饿的时候会咬在水里游泳的人，即使人身上没有鱼血的气味或者鱼的黏液。

"呀，"老头儿说，"星鲨，来吧，星鲨。"

它们来了。但是它们没有像鲭鲨那样地游来。一条鲨鱼转了一个身，就钻到船底下看不见的地方，它把那条死鱼一拉又一扯，老头儿感觉到船在晃动。另一条鲨鱼用它一条缝似的黄眼睛望着老头儿，然后飞快地游到船跟前，张着半圆形的大嘴朝死鱼身上被咬过的部分咬去。在它那褐色的头顶和后颈上，在脑子和脊髓相连的地方，清清楚楚地现出了一条纹路，老头儿就用绑在桨上的刀子朝那交叉点攥进去，又抽出来，再攥进它的猫似的黄眼睛里。鲨鱼放开了它咬的死鱼，从鱼身上滑下去，死去的时候还吞着它咬下的鱼肉。

由于另一条鲨鱼正在蹂躏②死鱼的缘故，船身还在晃荡，老头儿松开了帆脚绳，让船向一边摆动，使鲨鱼从船底下出来。一看见鲨鱼，他就从船边弯

---

① 【犁头鲨】鲨鱼的一种，体扁平，头呈犁头状，长1米多。
② 【蹂躏（róulìn）】践踏，比喻用暴力欺压、侮辱、侵害。

着身子把刀子朝它身上扎去。他要扎的只是肉，可是鲨鱼的皮很结实，好不容易才把刀子戳进去。这一下不仅震痛了他的手，也震痛了他的肩膀。鲨鱼又很快地露出头来，当它的鼻子伸出水面来靠在死鱼身上的时候，老头儿对准它的扁平的脑顶中央扎去，然后把刀子拔出，又朝同一个地方扎了一下。它依旧闭紧了嘴咬住鱼，于是老头儿再从它的左眼上戳进去，但它还是缠住死鱼不放。

"怎么啦？"老头儿说着又把刀子扎进它的脊骨和脑子中间去。这一次戳进去很容易，他觉得鲨鱼的软骨断了。老头儿又把桨翻了一个身，把刀放在鲨鱼的两颚中间，想把它的嘴撬开。他把刀子绞了又绞，当鲨鱼一松滑下去的时候，他说："去，去，星鲨。滑到一英里深的水里去。去找你的朋友吧，也许那是你的妈妈呢。"

老头儿擦了擦他的刀片，把桨放下，然后系上了帆脚绳，张开了帆，把船顺着原来的航线开去。

"它们准是把它吃掉四分之一了，而且吃的净是好肉，"他大声说，"我真盼望这是一场梦，但愿我根本没有把它钓上来。鱼啊，这件事可真教我不好受。从头错到底啦。"他不再说下去，也不愿朝鱼看一眼。它的血已经淌尽了，还在受着波浪的冲击，他望了望它那镜子底似的银白色，它身上的条纹依然看得出来。

"鱼啊，我不应该把船划到这么远的地方去，"他说，"既不是为了你，也不是为了我。我很不好受，鱼啊。"

好吧，他又自言自语地说。望一望绑刀的绳子，看看断了没有。然后把自己的手弄好，因为还有麻烦的事儿没有来到呢。

"有一块石头磨磨刀子该多好，"老头儿检查了一下绑在桨把上的绳子以后说，"我应该带一块石头来。"他想，好多东西都是应该带来的，但是你没有带来，老家伙。现在不是想你没有的东西的时候。想一想用你现有的东西可以做的事儿吧。

"你给我想出了很巧妙的主意，"他放开了喉咙说，"可是我懒得听下去啦。"

他把舵柄夹在胳肢窝里，双手泡在水里，随着船往前漂去。

"天晓得，最后那一条鲨鱼撕去了我好多鱼肉，"他说，"可是船现在轻松些了。"他不愿去想给撕得残缺不全的鱼肚子。他知道，鲨鱼每次冲上去猛扯一下，就给扯去了好多的死鱼肉，现在死鱼已经成为一切鲨鱼追踪的途径，宽阔得像海面上的一条大路一样了。

他想，这是把一个人养活一整个冬天的鱼啊。别那样想吧。歇一歇，把自己的手弄好，守住剩下来的鱼肉。水里有了那么多的气味，我手上的血腥味也算不得什么，何况手上的血淌得也不多了。给割破的地方并算不了什么。淌血会叫我的左手不抽筋。

他想：我现在还有什么事儿可想呢？没有。什么也别去想它，只等着以后的鲨鱼来到吧。我希望这真是一场梦，他想。但是谁晓得呢？也许结果会很好的。

下一个来到的鲨鱼是一条犁头鲨。它来到的时候就活像一只奔向猪槽的猪，如果一只猪的嘴有它的那么大，大得连你的头也可以伸到它嘴里去的话。老头儿先让它去咬那条死鱼，然后才把绑在桨上的刀扎进它的脑子里去。但是鲨鱼一打滚就往后猛地一挣，那把刀子喀嚓一声折断了。

老头儿只管去掌他的舵，连看也不看那条大鲨鱼，它慢慢地沉到水里去，最初还是原来那么大，然后渐渐小下去，末了只有一丁点儿了。这种情景老头儿一向是要看得入迷的，可是现在他望也不望一眼。

"我还有鱼钩呢，"他说，"但是那没用处。我有两把桨，一个舵把，还有一根短棍。"

他想：这一回它们可把我打败了。我已经上了年纪，不能拿棍子把鲨鱼给打死。但是，只要我有桨，有短棍，有舵把，我一定要想法去揍死它们。

他又把手泡在水里。这时天色渐渐地向晚。除了海和天什么也看不出来。天上的风刮得比先前大了些，他希望马上能够看到陆地。

"你累乏啦，老头儿，"他说，"里里外外都累乏啦。"

直到太阳快落下去的时候，鲨鱼才又向他扑来。

老头儿看见两个褐色的鳍，顺着死鱼在水里造成的那条宽阔的路线游着。它们甚至不去紧跟着鱼的气味，就肩并肩地直朝着小船扑来。

他扭紧了舵，把帆脚绳系好，从船艄下面去拿那根短棍。这是把一个断了桨锯成二英尺半长左右的一个桨把子。因为那个桨把子有个把手，他用一只手攥起来才觉得方便，他就稳稳地把它攥在右手里，用手掌弯弯地握着，一面望着鲨鱼的来到。两条都是"星鲨"①。

他想：我要先让第一条鲨鱼把死鱼咬紧了，然后再朝它的鼻尖儿揍，或者照直朝它的头顶上劈去。

两条鲨鱼一道儿来到跟前，他看见离得最近的一条张开大嘴插进死鱼的银白色的肚皮时，他把短棍高高地举起，使劲捶下，朝鲨鱼的宽大的头顶狠狠地劈去。短棍落下的当儿，他觉得好像碰到了一块坚韧的橡皮，同时他也感觉到打在铁硬的骨头上。鲨鱼从死鱼身上滑下去的时候，他又朝它的鼻尖上狠狠地揍了一棍。

另一条鲨鱼原是忽隐忽现的，这时又张开了大嘴扑上来。当它咬住了死鱼、闭紧了嘴的时候，老头儿看得见从它嘴角上漏出的一块块白花花的鱼肉。他用棍子对准了它打去，只是打中了它的头，鲨鱼朝他望了一望，然后把它咬住的那块肉撕去。当它衔着鱼肉逃走的时候，老头儿又揍了它一棍，但是打中的只是橡皮似的又粗又结实的地方。

---

① 【"星鲨"】星鲨加引号，表示并非真的星鲨。

"来吧，星鲨，"老头儿说，"再来吧。"

鲨鱼又冲上来，一闭住嘴就给老头儿揍了一棍。他把那根棍子举到不能再高的地方，结结实实地揍了它一下。这一回他觉得他已经打中了脑盖骨，于是又朝同一个部位打去，鲨鱼慢慢吞吞地把一块鱼肉撕掉，然后从死鱼身上滑下去了。

老头儿留意望着那条鲨鱼会不会再回来，可是看不见一条鲨鱼。一会儿他看见一条在水面上打着转儿游来游去。他却没有看到另一条的鳍。

他想，我没指望再把它们弄死了。当年年轻力壮的时候，我会把它们弄死的。可是我已经叫它们受到重伤，两条鲨鱼没有一条会觉得好过。要是我能用一根垒球棒，两只手抱住去打它们，保险会把第一条鲨鱼打死。甚至现在也还是可以的。

他不愿再朝那条死鱼看一眼。他知道它的半个身子都给咬烂了。在他跟鲨鱼格斗的时候，太阳已经落下去。

"马上就要天黑，"他说，"一会儿我要看见哈瓦那[①]的灯火了。如果我往东走得更远，我会看见从新的海滩上射出的灯光。"

他想，现在离港口不会太远了。我希望没有人替我担心。只有那孩子，当然，他一定会替我担心的。可是我相信他有信心。好多打鱼的老头儿也会替我担心的。还有好多别的人。我真是住在一个好地方呀。

他不能再跟那条大鱼讲话，因为它给毁坏得太惨啦。这时他脑子里突然想起了一件事。

"你这半条鱼啊，"他说，"你原来是条整鱼的。我过意不去的是我走得太远，这把你和我都给毁啦。可是我们已经弄死了许多鲨鱼，你和我，还打伤好多条。老鱼，你究竟弄死过多少鱼啊？你嘴上不是白白地生了那个长

[①]【哈瓦那】古巴首都。桑地亚哥（文中的老人）是一位古巴移民。

吻①的。"

他总喜欢想到这条死去的鱼,想到要是它能够随意地游来游去,它会怎么样去对付一条鲨鱼。他想,我应该把它的长吻儿砍掉,用它去跟鲨鱼斗。可是船上没有斧头,后来又丢掉了刀子。

话又说回来,当时要是我能够把它的长吻儿砍掉,绑在桨把上的话,那该是多好的武器呀。那样一来,我俩就会一同跟它们斗啦。要是它们在夜里窜来,你该怎么办呢?你有什么办法呢?

"跟它们斗,"他说,"我要跟它们斗到死。"

现在已经天黑,可是天边还没有红光,也看不见灯火,有的只是风,只是扯得紧紧的帆,他觉得大概他已经死了。他合上两只手,摸一摸手掌心。它们没有死,只要把它们一张一合,他还觉得活活地痛哩。他把脊背靠在船艄上,才知道他没有死。这是他的肩膀告诉他的。

他想,我许过愿,要是我捉到了这条鱼,我一定把所有的那些祷告都说一遍。但是我现在累得说不出了。倒不如把麻袋拿过来盖在我的肩膀上。

他躺在船艄,一面掌舵一面留意天边红光的出现。他想,我还有半条鱼。也许我有运气把前面半条鱼带回去。我应该有点儿运气的。可是没有呀,他说。你走得太远,把运气给败坏啦。

"别胡说八道啦,"他又嚷起来,"醒着,掌好舵。也许你的运气还不小呢。"

"我倒想买点儿运气,要是有地方买的话。"他说。

我拿什么去买运气呢?他自己问自己。我买运气,能够用一把丢掉的鱼叉,一把折断的刀子,一双受了伤的手吗?

"可以的,"他说,"你曾经想用海上的八十四天去买它。它们也几乎把它卖给了你。"

---

① 【长吻】指大鱼的长嘴。

他想：别再胡思乱想吧。运气是各式各样的，谁认得出呢？可是不管什么样的运气我都要点儿，要什么报酬我给什么。他想，我希望我能见到灯光。我想要的事儿太多，但灯光正是我现在想要的。他想靠得舒服些，好好地去掌舵；因为觉得疼痛，他知道他并没有死。

大约在夜里十点钟的时候，他看见了城里的灯火映在天上的红光。最初只是辨认得出，如同月亮初升以前天上的光亮。然后，当渐渐猛烈的海风掀得波涛汹涌的时候，才能从海上把灯光看得清楚。他已经驶进红光里面，他想，现在他马上就要撞到海流的边上了。

他想，现在一切都过去了。不过，也许它们还要向我扑来吧。可是，在黑夜里，没有一件武器，一个人怎么去对付它们呢？

他现在身体又痛又发僵，他的伤口和身上一切用力过度的部分都由于夜里的寒冷而痛得厉害。他想，我希望我不必再去跟它们斗啦。我多么希望我不必再跟它们斗呀。

可是到了半夜的时候，他又跟它们斗起来，这一回他知道斗也不会赢了。它们是成群窜来的，他只看到它们的鳍在水里划出的纹路，和它们扑到死鱼身上去的时候所放出的磷光。他用棍棒朝它们的头上打去，听到上下颚裂开和它们钻到船下面去咬鱼时把船晃动的声音。凡是他能够感觉到的，听见的，他就不顾一切地用棍棒劈去。他觉得有什么东西抓住了他的那根棍，随着棍就丢掉了。

他把舵从船上拽掉，用它去打，去砍，两只手抱住它，一次又一次地劈下去，但是它们已经窜到船头跟前去咬那条死鱼，一忽儿一个接着一个地扑上来，一忽儿一拥而上，当它们再一次折转身扑来的时候，它们把水面下发亮的鱼肉一块一块地撕去了。最后，一条鲨鱼朝死鱼的头上扑来，他知道一切都完了。于是他用舵把对准鲨鱼的头打去，鲨鱼的两颚正卡在又粗又重的死鱼头上，不能把它咬碎。他又迎面劈去，一次，两次，又一次。他听到舵把折断的声音，再用那裂开了的桨把往鲨鱼身上戳去。他觉得桨把已经戳进去，他知道桨把很尖，因此他再把它往里面戳。鲨鱼放开鱼头就翻滚着沉下去。那是来到的一大群里最后的一条鲨鱼。它们再也没有什么东西可吃了。

老头儿现在简直喘不过气来，同时他觉得嘴里有一股奇怪的味道。这种味道带铜味，又甜。他担心了一会儿。不过那种味道并不多。

他往海里啐了一口唾沫，说："吃吧，星鲨。做你们的梦去，梦见你们弄死了一个人吧。"

他知道他终于给打败了，而且一点补救的办法也没有，于是他走回船艄，发现舵把断成有缺口的一头还可以安在舵的榫头①上，让他凑合着掌舵。他又把麻袋围在肩膀上，然后按照原来的路线把船驶回去。现在他在轻松地开着船了，他的脑子里不再去想什么，也没有感觉到什么。什么事都已过去，现在只要把船尽可能好好地、灵巧地开往他自己的港口去。夜里，鲨鱼又来咬死鱼的残骸，像一个人从饭桌子上捡面包屑似的。老头儿睬也不睬它们，除了掌舵，什么事儿都不睬。他只注意到他的船走得多么轻快，多么顺当，没有奇重无比的东西在旁边拖累它了，船还是好好的，他想。完完整整，没有半点儿损伤，只除了那个舵把。那是容易配上的。

他感觉到他已经驶进海流里面，看得出海滨居住区的灯光。

他知道他现在走到什么地方，到家不算一回事儿。

风总算是我们的朋友，他想。然后他又加上一句：不过也只是有时候。还有大海，那儿有我们的朋友，也有我们的敌人。床呢，他又想。床是我的朋友。正是床啊，他想。床真要变成一件了不起的东西。一旦给打败，事情也就容易办了，他想。我决不知道原来有这么容易。可是，是什么把你打败的呢？他又想。

---

① 【榫(sǔn)头】器物两部分利用凹凸相接的凸出的部分。

"什么也不是，"他提高嗓子说，"是我走得太远啦。"

当他驶进小港的时候，海滨酒店的灯火已经熄灭，他知道人们都已上床睡去。海风越刮越大，现在更是猖狂了。然而港口是静悄悄的。于是他把船向岩石下面的一小块沙滩跟前划去。没有人来帮助他，他只好一个人尽力把船划到岸边。然后他从船里走出，把船系在岩石旁边。

他放下桅杆，卷起了帆，把它捆上，然后把桅杆扛在肩上，顺着堤坡往岸上走去。这时他才知道他已经疲乏到什么程度。他在半坡上歇了一会儿，回头望了一望，借着水面映出的街灯的反光，看见那条死鱼的大尾巴挺立在船艄后面。他看见鱼脊骨的赤条条的白线，黑压压一团的头，伸得很长的吻和身上一切光溜溜的部分。

思考与练习

一、下列各项中，加点字注音完全正确的一项是（　　　）

　　A. 沮丧（jǔ）　　撬走（qiāo）　　塞满（sè）　　豁出去（huò）

　　B. 榫头（sǔn）　　报酬（chóu）　　踩躏（lìn）　　攥起来（cuán）

　　C. 刹车（shā）　　脊鳍（qí）　　残骸（hái）　　胳肢窝（gē）

　　D. 绰号（chuò）　　模样（mú）　　吞噬（shì）　　皮开肉绽（dìng）

二、阅读课文，圈画出描写鲨鱼的语句与同学交流。想想作者为什么要浓墨重彩地描绘鲨鱼。

三、分析下列心理描写对塑造人物形象的作用

　　1. 这也许是一场梦。我不能够阻止它来害我，但是也许我可以捉住它。

2.他知道他终于给打败了,而且一点补救的办法也没有。

3.一个人并不是生来要给打败的,你尽可把他消灭掉,可就是打不败他。

四、小说题目原为《人的尊严》,后更名为《老人与海》。思考讨论:作者为什么要这样改,有何深意?

五、读读记记
    1.奇迹多是在厄运中出现的。 ——【英国】培根
    2.每人心中都应有两盏灯光,一盏是希望的灯光,一盏是勇气的灯光。有了这两盏灯光,我们就不怕海上的黑暗和风涛的险恶了。 ——【法国】罗曼·罗兰

13 士兵突击（节选）①

兰晓龙

·课文导读·

军旅作家兰晓龙的长篇小说《士兵突击》，是一部刻画当代中国军人成长轨迹的力作。故事情节曲折、场面宏大、感人至深，极富震撼力和感染力。课文节选的文字，讲述了许三多、成才和伍六一这三个普通士兵，在严酷的特种兵选拔赛中"不抛弃、不放弃"的动人故事，唱出一曲坚强的人生赞歌。作者用细腻的笔触及饱满的情感，对人物的神态、动作、语言和心理诸方面都作了生动的刻画。阅读时，可以在理解内容的基础上，重点揣摩小说的上述特点，体味小说的感人之处。

东方已经晨光熹微。

又一个兵头上冒出了白烟。

这支小部队实在已经是强弩之末②了。他们看起来和许三多他们一样，一样脏，一样累，一样饿，一样狼狈也一样的默契。地图上终于标出了最后一个火力点。这时候他们已经只剩下三个人。一个人跳起来进行火力掩护，两个人撤离。轰鸣的枪声终于哑了，那个掩护的兵也被射中了。

---

① 选自《士兵突击》（花山文艺出版社2007年版）。兰晓龙（1973— ），作家、编剧，主要作品有《爱尔纳·突击》《我的团长我的团》《生死线》《好家伙》等。
② 【强弩之末】强弩射出的箭，到最后力量弱了，连薄绸子都穿不透。比喻很强的力量已经微弱。弩，古代的一种冷兵器。

那两个兵最后看了一眼，开始了他们精疲力竭的奔跑。

许三多三个也在狂奔，一开始在最前边的伍六一已经落到了最后，因为前面两人看不见他，他已经是仅仅用一只脚在发力了。

许三多再一次停住，然后向伍六一跑去，成才也停了下来，但是停在原地。

许三多跑到了伍六一面前："你的脚到底怎么啦？"

"我没事，你们先跑。"

成才看着，看看前边，又看看后方，一脸焦急。

"让你们先跑啊！我没事！"伍六一简直是要炫耀一下地开始冲刺，第一步便重重摔在地上，然后，他开始挣扎，竭力避开要来扶他的许三多和成才。

伍六一摇着头，说："我没事啊！我知道我没事的！"

许三多几乎是在跟这个人搏斗，然后撕开他的裤腿。

他傻了，伍六一的脚踝已经扭得不成形状，整条小腿都是肿胀的。

许三多的嘴唇有些发抖："你就拿这条腿跑啊！"

"它还是条腿！不是吗？它长我身上我自己知道！"

声嘶力竭，两个人都沮丧①而又愤怒。

成才面色忽然沉了下来，他看见了地平线上赶过来的那两名士兵。

"他们赶上来了！"他朝他们吼道。

伍六一拼命地推开了许三多，他说："快给我走啊！"

许三多示意成才，一个人拉住伍六一的一只手，拖着他往前狂奔。

伍六一愤怒了："干什么？这样跑得过吗？你们放开啊！"

成才："三个人，三个位，三个位都是我们的。"

许三多平静地对他说："用力跑，别用力嚷嚷。"

伍六一不嚷了，他竭力地跟上他们的步子，伤腿的每一着地，都让他痛

---

① 【沮丧】灰心失望。

得一脸的扭曲，但伤了就是伤了，他把那两个人的速度都拖下来了。

后面那两个士兵也在摇摇欲坠地狂奔着，但他们没有负担，他们一点点拉短了与许三多他们的距离。

天已经完全亮了，很难说那奔跑在山丘上的五个人，现在已经成了什么样子。浑身的泥水和汗水，一张张脸上的神情已经接近虚脱，两天三夜没吃没喝地打拼，加上最后这场疯狂的冲刺，所有的人都已经濒临①了极限。

他们有一段是平行的，这平行维持了很长一段时间，因为谁也没有能力把自己的步子再快一点点，但后来者在漫长的僵持中终于超前了半个身子，然后是一个身子，一米，两米……

伍六一又愤怒了，他声嘶力竭地吼道："你们放开我！我自己跑！"

这一声等于是没有效果。

"我不行啦！你们放开我！"

成才开始吼叫，在吼叫声中喊出了最后的力气，五个人又渐渐在拉短距离。

"我自己跑，我自己能跑到的！许三多，成才，我求你们了！"

"槲②树林！那是槲树林！"

成才说得没错，前边是槲树林，林边停着一辆越野车和一辆救护车，袁朗和几个卫生兵正等在那里。

成才咬着牙，喊着："再加把劲就到啦！我们三个！我们三个人！"

三个人多少是振奋了一下，他们超过了那两名已经油尽灯枯的士兵，一口气把他们拉下了几十米。

那个终点已经只是八百米的事情了，槲树林中忽然跑出一个跌跌撞撞的士兵，摔倒在袁朗的脚下，那是第一个到达的士兵，医护人员立刻上前救护。

---

① 【濒（bīn）临】紧接，临近。
② 【槲（hú）】落叶乔木或灌木。

三个人的步子一下慢了下来，三个人对望了一眼。伍六一又开始挣扎，这回他的挣扎接近于厮打，一下狠狠地甩开了两人。

"就剩两个名额了！你们还拖着我干什么？三个人！只要三个人！"

两个人呆呆地看着伍六一，身后两名士兵正缓慢但固执地赶了上来。

成才忽然掉头就跑，往终点奔跑。

许三多却看也不看跑去的成才，他将背包背在了身子前边，抢上来抓住伍六一，他不想丢下他，他要背着他走。伍六一强挣着就是不让，但那条腿已经吃不上劲了，大半拉沉重的身子被许三多架在肩上。

许三多拖着伍六一，向终点做拼命的冲刺。

一个三十公斤的背包，加上一个成年男子的大部分体重，即使精力充沛的壮汉，也会被压倒。许三多慢得出奇，但他没有丢下。他一步一步地往前冲着。

伍六一不敢再挣了，他一只腿竭力地往前蹦着，因为现在的速度很重要，他得为许三多想点什么。

后边的那两名士兵，慢慢地超过他们了。

伍六一受不了了，他又开始愤怒地吼了起来："他们超过你了！放开呀！你又要搞什么？还想在那空屋里做看守吗？我们热闹你就看看！晚上捂了被子哭？你这个天生的杂兵！"

伍六一的声音里都有了哭声了。

前边的那两名士兵，已经离他们越来越远了。

成才已经到达了榭树林终点，那股子猛冲的劲头让他几乎撞在了袁朗的身上。

袁朗一把揪住了他的背包带，成才站住了。

精疲力竭的成才没有倒下，他立刻转过身看着自己那两名战友："许三多快跑！许三多，你加油啊！"

袁朗意味深长地看看他，又看看远处的许三多和伍六一，他的眼神里充满了一种钦佩。

对于那还在争夺中奔跑的四个人来说，这剩下的几百米简直遥不可及，几个人的速度都慢得出奇，几个人都瞪着对手，但要超出哪怕再多一米已经很难。

"成才已经到了！只剩下一个名额了！你看见没有！"伍六一望着绿意葱葱的槲树林对许三多说。

许三多根本就没抬头看，他的力气依然用在对伍六一的拖拉上。

"只剩一个名额！你把我拖到也不算！脑子进水啦！"

"加把劲……再加把劲！"

伍六一盯着那张汗水淋漓的虚脱的脸，忽然间恍然大悟："我知道你要干什么了，你想拖着我跑到头，你自己装蛋趴窝是不是？"

许三多还是没吱声，他只管在脚下使劲。

伍六一想突然挣开他，却发现那小子手上劲大得出奇，横担在他肩上的一只手臂简直已经被许三多的手掐到了肉里。

"蠢货……你不是笨是蠢了……我用得你施舍吗？……我会去告你的！……你放开……求你放开……到嘴的馒头我们都不吃，现在为什么干这种事？"伍六一已经哭了。

"跑了好远……从家跑到这……前面都是你们推着扛着……最后这一下……我帮一下，又算什么？"

伍六一已经完全没力气可用了，他只能看着许三多往前一步步挣扎。

伍六一本来是狂怒加无奈的眼神也慢慢平和下来，他说："许三多，咱们是朋友。"

近在咫尺的砰的枪响，把许三多吓了一跳。

是伍六一手中的信号枪，枪口还在冒烟。

信号弹正缓缓地升上天空。

伍六一一瘸一拐地高举着双臂,向着终点挥舞着,他说:"我跑不动了!我弃权!"

他真的是跑不动了,刚走出两步,便轰然倒地。

救护车是随时准备的,几名卫生兵已经发动汽车过来。

许三多呆呆地看着伍六一。

伍六一瞪着他,挥舞拳头喊着:"跑啊!许三多!"

许三多掉头开始他的最后一段狂奔。那领先的两个士兵意识到了身后的威胁,也使出了最后的力气狂奔了起来。

许三多喊叫了,他在喊叫中开始了不可能的加速,第一个加速就超过了那两个人。

一个被超过的士兵终于丧失了信心,在许三多超过他的同时摔在了地上。然而,他那位战友却不管不顾地回身拉起了他。

许三多仍在喊叫着,喊叫声中救护车与他交错而过,喊叫声中许三多的声音将所有人的声音淹没,喊叫声中许三多刚流出的眼泪被风吹干,他在喊叫声中跨越了终点。

喊叫声中,许三多的双手砰的撑在那辆越野车的保险杠上。

成才欢天喜地地跑过来,他想与许三多拥抱,许三多抬起头,那双眼睛里的冷淡让成才愣住了。

许三多回头看着刚刚跑过的路,他看到那两名士兵正互相地搀扶着跨越终点。

远处的伍六一,已经被卫生兵用担架抬上救护车。伍六一笑得像个大男孩一样,向这边不停地挥挥手。

没有可以分享的快乐,只有独自承担的磨难。现在的软弱正好证明,你一直是那么坚强。

许三多慢慢坐倒在地上。

> **思考与练习**

一、下面词语中有错别字的一组是（　　）

　　A.濒临　默契　跌撞　精疲力竭　　B.沮丧　熹微　趴窝　恍然大悟

　　C.眩耀　槲树　钦佩　强弩之末　　D.肿胀　僵持　充沛　油尽灯枯

二、下列句子中标点符号使用不正确的一项是（　　）

　　A.伍六一愤怒了："干什么？这样跑得过吗？你们放开啊！"

　　B."它还是条腿！不是吗？它长我身上我自己知道！"声嘶力竭，两个人都沮丧而又愤怒。

　　C."跑了好远……从家跑到这……前面都是你们推着扛着……最后这一下……我帮一下，又算什么？"伍六一已经完全没力气可用了。

　　D.成才："三个人，三个位，三个位都是我们的。"

三、说说下列句子在人物形象刻画上的作用

　　1.许三多几乎是在跟这个人搏斗，然后撕开他的裤腿。他傻了，伍六一的脚踝已经扭得不成形状，整条小腿都是肿胀的。

　　2.许三多慢得出奇，但他没有丢下。他一步一步地往前冲着。

　　3.伍六一本来是狂怒加无奈的眼神也慢慢平和下来，他说："许三多，咱们是朋友。"

4.成才欢天喜地地跑过来,他想与许三多拥抱,许三多抬起头,那双眼睛里的冷淡让成才愣住了。

四、小说《士兵突击》情节跌宕起伏,人物形象鲜明生动。根据小说改编拍摄的电视剧也曾引起观众强烈的兴趣,请选看精彩片断,写下自己对人物或情节的感受。

五、读读记记

　　1.不因幸运而固步自封,不因厄运而一蹶不振。真正的强者,善于从顺境中找到阴影,从逆境中找到光亮,时时校准自己前进的目标。　　——【挪威】易卜生

　　2.我们最大的弱点在于放弃。成功的必然之路就是不断地重来一次。

——【美国】爱迪生

14 热爱生命（节选）①

【美国】杰克·伦敦

• 课文导读 •

这是一出"残酷的求生悲剧"。淘金人独自置身于渺无人烟的苍茫荒野，面临着种种生死考验，他该如何生存下去？这篇小说所写的故事，或许能让我们深切地体会到"人"的伟大。

他重新振作起来，继续前进，心里又产生了一种新的恐惧。这不是害怕他会束手无策地死于断粮的恐惧，而是害怕饥饿还没有耗尽他的最后一点求生力，他已经给凶残地摧毁了。这地方的狼很多。狼嗥的声音在荒原上飘来飘去，在空中交织成一片危险的罗网，好像伸手就可以摸到，吓得他不由举起双手，把它向后推去，仿佛它是给风刮紧了的帐篷。

那些狼，时常三三两两地从他前面走过，但是都避着他。一则因为它们为数不多，此外，它们要找的是不会搏斗的驯鹿，而这个直立走路的奇怪动物却可能既会抓又会咬。

傍晚时他碰到了许多零乱的骨头，说明狼在这儿咬死过一头野兽。这些残骨在一个钟头以前还是一头小驯鹿，一面尖叫，一面飞奔，非常活跃。他端详着这些骨头，它们已经给啃得精光发亮，其中只有一部分还没有死去的

---

① 选自《热爱生命》（北京理工大学出版社2015年版）。这篇小说描写的是一个淘金者在荒原上迷路，最终顽强地活下来的故事。本文节选自小说临近结尾的部分。杰克·伦敦（1876—1916），美国著名的现实主义作家，主要作品有《马丁·伊登》《野性的呼唤》《白牙》《热爱生命》等。

细胞泛着粉红色。难道在天黑之前，他也可能变成这个样子吗？生命就是这样吗，呃？真是一种空虚的、转瞬即逝的东西。只有活着才感到痛苦。死并没有什么难过。死就等于睡觉。它意味着结束，休息。那么，为什么他不甘心死呢？

但是，他对这些大道理想得并不长久。他蹲在苔藓地上，嘴里衔着一根骨头，吮吸着仍然使骨头微微泛红的残余生命。甜蜜蜜的肉味，跟回忆一样隐隐约约，不可捉摸，却引得他要发疯。他咬紧骨头，使劲地嚼。有时他咬碎了一点骨头，有时却咬碎了自己的牙。于是他就用岩石来砸骨头，把它捣成了酱，然后吞到肚里。匆忙之中，有时也砸到自己的指头，使他一时感到惊奇的是，石头砸了他的指头他并不觉得很痛。

接着下了几天可怕的雨雪。他不知道什么时候露宿，什么时候收拾行李。他白天黑夜都在赶路。他摔倒在哪里就在哪里休息，一到垂危的生命火花闪烁起来，微微燃烧的时候，就慢慢向前走。他已经不再像一个人那样挣扎了。逼着他向前走的，是他的生命，因为它不愿意死。他也不再痛苦了。他的神经已经变得迟钝麻木，他的脑子里则充满了怪异的幻象和美妙的梦境。不过，他老是吮吸着，咀嚼着那只小驯鹿的碎骨头，这是他收集起来随身带着的一点残屑。他不再翻山越岭了，只是自动地顺着一条流过一片宽阔的浅谷的溪水走去。可是他既没有看见溪流，也没有看到山谷，他只看到幻象。他的灵魂和肉体虽然在并排向前走，向前爬，但它们是分开的，它们之间的联系已经非常微弱。

有一天，他醒过来，神智清楚地仰卧在一块岩石上。太阳明朗暖和。他听到远处有小驯鹿尖叫的声音。他只隐隐约约地记得下过雨，刮过风，落过雪，至于他究竟被暴风雨吹打了两天或者两个星期，那他就不知道了。

他一动不动地躺了好一会，温和的太阳照在他身上，使他那受苦受难的身体充满了暖意。这是一个晴天，他想道。也许，他可以想办法确定自己的方位。他痛苦地使劲翻过身子。下面是一条流得很慢的很宽的河。他觉得这条河很陌生，真使他奇怪。他慢慢地顺着河望去，宽广的河湾蜿蜒在许多光秃秃的小荒山之间，比他往日碰到的任何小山都显得更光秃，更荒凉，更低矮。他于是慢慢地、从容地、毫不激动地，或者至多也是抱着一种极偶然的兴致，顺着这条奇怪的河流的方向，向天际望去，只看到它注入一片明亮光辉的大海。他仍然不激动。太奇怪了，他想道，这是幻象吧，也许是海市蜃楼吧——多半是幻象，是他的错乱的神经搞出来的把戏。后来，他又看到光亮的大海上停泊着一只大船，就更加相信这是幻象。他眼睛闭了一会再睁开。奇怪，这种幻象竟会这样地持久不散！然而并不奇怪，他知道，在荒原中心绝不会有什么大海、大船，正像他知道他的空枪里没有子弹一样。

狼

他听到背后有一种吸鼻子的声音——仿佛喘不出气或者咳嗽的声音。由于身体极端虚弱和僵硬，他极慢极慢地翻了一个身。他看不出附近有什么东西，但是他耐心地等着。又听到了吸鼻子和咳嗽的声音，离他不到二十英尺远的两块巉石之间，他隐约看到一只灰狼的头。那双尖耳朵并不像别的狼那样竖得笔挺；它的眼睛昏暗无光，布满血丝；脑袋好像无力地、苦恼地耷拉着。这个畜生不断地在太阳光里眨眼。它好像有病。正当他瞧着它的时候，它又发出了吸鼻子和咳嗽的声音。

至少，这总是真的，他一面想，一面又翻过身，以便瞧见先前给幻象遮住的现实世界。可是，远处仍旧是一片光辉的大海，那条船仍然历历可见。难道这是真的吗？他闭着眼睛，想了好一会儿，毕竟想出来了。他一直在向北偏东走,他已经离开狄斯分水岭,走到了铜矿谷。这条流得很慢的宽广的河就是铜矿河。那片光辉的大海是北冰洋。那条船是一艘捕鲸船,本来应该驶往麦肯齐河口,可是偏了东,太偏东了,目前停泊在加冕湾里。他记起了很久以前他看到的那张赫德森湾公司的地图,现在,对他来说,这完全是清清楚楚、入情入理的。

他坐起来,想着切身的事情。裹在脚上的毯子已经磨穿了,他的脚破得没有一处好肉。最后一条毯子已经用完了,枪和猎刀也不见了。帽子不知在什么地方丢了,帽圈里那一小包火柴也一块儿丢了,不过,贴胸放在烟草袋里的那包用油纸包着的火柴还在,而且是干的。他瞧了一下表,时针指着十一点,表仍然在走。很清楚,他一直没有忘了上表。

他很冷静,很沉着。虽然身体衰弱至极,但是并没有痛苦的感觉。他一点儿也不饿,甚至想到食物也不会产生食欲。现在,他无论做什么,都只凭理智。他齐膝盖撕下了两截裤腿,用来裹脚。他总算还保住了那个白铁罐子。他打算先喝点热水,然后再开始向船走去,他已经料到这是一段可怕的路程。

他的动作很慢。他好像半身不遂似的哆嗦着。等到他预备去收集干苔藓的时候,他才发现自己已经站不起来了。他试了又试,后来只好死了这条心,他用手和膝盖支着爬来爬去。有一次,他爬到了那只病狼附近。那个畜生一面很不情愿地避开他,一面用那条好像连弯一下的力气都没有的舌头舔着自己的牙床。这个人注意到它的舌头并不是通常那种健康的红色,而是一种暗黄色,好像蒙着一层粗糙的、半干的黏膜。

这个人喝下热水之后,觉得自己可以站起来了,甚至还可以像想象中一个快死的人那样走路了。他每一两分钟就不得不停下来休息一会儿。他的步子软弱无力,很不稳,就像跟在他后面的那只狼一样又软又不稳。这天晚上,等到黑夜笼罩了光辉的大海的时候,他知道他和大海之间的距离只缩短了不到四英里。

这一夜，他总是听到那只病狼咳嗽的声音，有时候，他又听到了一群小驯鹿的叫声。他周围全是生命，不过那是强壮的生命，非常活跃而健康的生命，同时他也知道，那只病狼所以要紧跟着他这个病人，是希望他先死。早晨，他一睁眼睛就看到这个畜生正用一种如饥似渴的眼光瞪着他，它夹着尾巴蹲在那儿，好像一条可怜的倒霉的狗。早晨的寒风吹得它直哆嗦，每逢这个人对它勉强发出一种低声咕噜似的吆喝，它就无精打采地咧咧嘴。

　　太阳亮堂堂地升了起来，这一早晨，他一直在绊绊跌跌地朝着光辉的海洋上的那条船走去。天气好极了，这是高纬度地方的那种短暂的晚秋，它可能连续一个星期，也许明后天就会结束。

　　下午，这个人发现了一些痕迹。那是另外一个人留下的，他不是走，而是爬的。他认为可能是比尔，不过他只是漠不关心地想想罢了。他并没有什么好奇心。事实上，他早已失去了兴致和热情。他已经不再感到痛苦了。他的胃和神经都睡着了，但是内在的生命却逼着他前进。他非常疲倦，然而他的生命却不愿死去。正因为生命不愿死，他才仍然要吃沼地上的浆果和鲦鱼①，喝热水，一直提防着那只病狼。他跟着那个挣扎前进的人的痕迹向前走去，不久就走到了尽头——潮湿的苔藓上摊着几根才啃光的骨头，附近还有许多狼的脚印。他发现了一个跟他自己的那个一模一样的厚实的鹿皮口袋，但已经给尖利的牙齿咬破了。他那无力的手已经拿不动这样沉重的袋子了，可是他到底把它提起来了——比尔至死都带着它。哈哈！他可以嘲笑比尔了。他可以活下去，把它带到光辉的海洋里那条船上。他的笑声粗厉可怕，跟乌鸦的怪叫一样，而那条病狼也随着他，一阵阵地惨嗥。突然间，他不笑了。如果这真是比尔的骸骨，他怎么能嘲笑比尔呢——如果这些有红有白、啃得精光的骨头，真是比尔的话？

---

① 【鲦（tiáo）鱼】一种呈条状的鱼，侧扁，白色，生活于淡水中。

他转身走开了。不错,比尔抛弃了他,但是他不愿意拿走那袋金子,也不愿意吮吸比尔的骨头。不过,如果事情掉个个儿的话,比尔也许会做得出来的。他一面摇摇晃晃地前进,一面暗暗想着这些情形。

　　他走到了一个水坑旁边。就在他弯下腰找鲦鱼的时候,他猛然仰起头,好像给戳了一下。他瞧见了自己反映在水里的脸。脸色之可怕,竟然使他一时恢复了知觉,感到震惊了。这个坑里有三条鲦鱼,可是坑太大,不好舀。他用白铁罐子去捉,试了几次都不成,后来他就不再试了。他怕自己会由于极度虚弱,跌进去淹死。而且,也正是因为这一层,他才没有跨上沿着沙洲并排漂去的木头,让河水带着他走。

　　这一天,他和那条船之间的距离缩短了三英里,第二天,又缩短了两英里——因为现在他是跟比尔先前一样地在爬。到了第五天末尾,他发现那条船离开他仍然有七英里,而他每天连一英里也爬不到了。幸亏天气仍然继续放晴,他于是继续爬行,继续晕倒,辗转不停地爬,而那头狼也始终跟在他后面,不断地咳嗽和哮喘。他的膝盖已经和他的脚一样鲜血淋漓,尽管他撕下了身上的衬衫来垫膝盖,他背后的苔藓和岩石上仍然留下了一路血渍。有一次,他回头看见病狼正饿得发慌地舔着他的血渍,他不由得清清楚楚地看出了自己可能遭到的结局——除非——除非他干掉这只狼。于是,一幕从来没有演出过的残酷的求生悲剧就开始了——病人一路爬着,病狼一路跛行着,两个生灵就这样在荒原里拖着垂死的躯壳,相互猎取着对方的生命。

　　如果这是一条健康的狼,那么,他觉得倒也没有多大关系。可是,一想到自己要喂这么一只令人作呕、只剩下一口气的狼,他就觉得非常厌恶。他就是这样吹毛求疵①。现在,他脑子里又开始胡思乱想,又给幻象弄得迷迷糊糊,而神智清楚的时候也越来越少,越来越短。

---

① 【吹毛求疵(cī)】故意挑毛病,找差错。疵,缺点,毛病。

有一次，他从昏迷中给一种贴着他耳朵喘息的声音惊醒了。那只狼一跛一跛地跳回去，它因为身体虚弱，一失足摔了一跤，样子可笑极了，可是他一点儿也不觉得有趣。他甚至也不害怕。他已经到了这一步，根本谈不到那些。不过，这一会儿，他的头脑却很清醒，于是他躺在那儿，仔细地考虑。那条船离他不过四英里路，他把眼睛擦净之后，可以很清楚地看到它，同时，他还看出了一条在光辉的大海里破浪前进的小船的白帆。可是，无论如何他也爬不完这四英里路。这一点，他是知道的，而且知道以后，他还非常镇静。他知道他连半英里路也爬不了。不过，他仍然要活下去。在经历了千辛万苦之后，他居然会死掉，那未免太不合理了。命运对他实在太苛刻了。然而，尽管奄奄一息，他还是不情愿死。也许，这种想法完全是发疯，不过，就是到了死神的铁掌里，他仍然要反抗它，不肯死。

　　他闭上眼睛，极其小心地让自己镇静下去。疲倦像涨潮一样，从他身体的各处涌上来，但是他刚强地打起精神，绝不让这种令人窒息的疲倦把他淹没。这种要命的疲倦，很像一片大海，一涨再涨，一点一点地淹没他的意识。有时候，他几乎完全给淹没了，他只能用无力的双手划着，漂游过那黑茫茫的一片；可是，有时候，他又会凭着一种奇怪的心灵作用，另外找到一丝毅力，更坚强地划着。

　　他一动不动地仰面躺着，现在，他能够听到病狼一呼一吸地喘着气，慢慢地向他逼近。它越来越近，总是在向他逼近，好像经过了无穷的时间，但是他始终不动。它已经到了他耳边，那条粗糙的干舌头正像砂纸一样地磨擦着他的两腮。他那两只手一下子伸了出来——或者，至少也是他凭着毅力要它们伸出来的。他的指头弯得像鹰爪一样，可是抓了个空。敏捷和准确是需要力气的，他没有这种力气。

　　那只狼的耐心真是可怕。这个人的耐心也一样可怕。这一天，有一半时间他一直躺着不动，尽力和昏迷斗争，等着那个要把他吃掉、而他也希望能吃掉的东西。有时候，疲倦的浪潮涌上来，淹没了他，他会做起很长的梦。然而在整个过程中，不论醒着或是做梦，他都在等着那种喘息和那条粗糙的舌头来舔他。

他并没有听到这种喘息，他只是从梦里慢慢苏醒过来，觉得有条舌头在顺着他的一只手舔去。他静静地等着。狼牙轻轻地扣在他手上了，扣紧了，狼正在尽最后一点力量把牙齿咬进它等了很久的东西里面。可是这个人也等了很久，那只给咬破了的手也抓住了狼的牙床。于是，慢慢地，就在狼无力地挣扎着，他的手无力地掐着的时候，他的另一只手已经慢慢摸过来，一下把狼抓住。五分钟之后，这个人已经把全身的重量都压在狼的身上。他的手的力量虽然还不足以把狼掐死，可是他的脸已经紧紧地压住了狼的咽喉，嘴里已经满是狼毛。半小时后，这个人感到一小股暖和的液体慢慢流进他的喉咙。这东西并不好吃，就像硬灌到他胃里的铅液，而且是纯粹凭着意志硬灌下去的。后来，这个人翻了一个身，仰面睡着了。

捕鲸船"白德福号"上，有几个科学考察队的人员。他们从甲板上望见岸上有一个奇怪的东西，它正在向沙滩下面的水面挪动。他们没法分清它是哪一类动物，但是，因为他们都是研究科学的人，他们就乘了船旁边的一条捕鲸艇，到岸上去察看。接着，他们发现了一个活着的动物，可是很难把它称作人。它已经瞎了，失去了知觉。它就像一条大虫子在地上蠕动着前进。它用的力气大半都不起作用，但是它老不停，它一面摇晃，一面向前扭动，照它这样，一小时大概可以爬上二十英尺。

三星期以后，这个人躺在捕鲸船"白德福号"的一个铺位上，眼泪顺着他的消瘦的面颊往下淌，他说出他是谁和他经过的一切。同时，他又含含糊糊地、不连贯地谈到了他的母亲，谈到了阳光灿烂的南加利福尼亚，以及橘树和花丛中的他的家园。

思考与练习

一、给下列加点字注音

苔藓（　　　）　衔（　　）　嚼（　　　）　巉（　　　）　舐（　　　）

蜿蜒（　　　）　戳（　　）　舀（　　　）　腮（　　　）　蠕（　　　）

海市蜃楼（　　　）　　黏膜（　　　）

二、阅读课文，思考问题

1. 小说的主人公在茫茫荒原上面临着哪些生死考验？他为什么能超越极限、战胜病狼而顽强地生存下来？

2. 小说有大量细腻的心理描写与逼真的细节描写。试着找出几例，仔细体会。

3. 请结合文中的人物形象，谈谈你对"热爱生命"的看法。

三、读读记记

1. 当我活着，我要做生命的主宰，而不做它的奴隶。　　——【美国】惠特曼

2. 我要扼住命运的咽喉，决不能让命运使我屈服。　　——【德国】贝多芬

15 歌词二首

·课文导读·

每个人的一生都会遇到或多或少、或大或小的挫折,如何在逆境中、在挫折中锻炼成长,是很重要的事情;挫折与人生相伴,而我们该如何去面对呢?让我们从励志歌曲《隐形的翅膀》和《怒放的生命》中汲取力量,自信、坚强、勇敢地朝着自己的目标前进,追寻属于自己的梦想!

隐形的翅膀①

王雅君

每一次 都在徘徊孤单中坚强

每一次 就算很受伤也不闪泪光

我知道 我一直有双隐形的翅膀

带我飞 飞过绝望

不去想 他们拥有美丽的太阳

我看见 每天的夕阳也会有变化

我知道 我一直有双隐形的翅膀

带我飞 给我希望

我终于 看到 所有梦想都开花

追逐的年轻 歌声多嘹亮

---

① 《隐形的翅膀》词曲作者为王雅君,演唱者为张韶涵。

我终于 翱翔 用心凝望不害怕
哪里会有风 就飞多远吧

不去想 他们拥有美丽的太阳
我看见 每天的夕阳也会有变化
我知道 我一直有双隐形的翅膀
带我飞 给我希望
我终于看到 所有梦想都开花
追逐的年轻 歌声多嘹亮
我终于翱翔 用心凝望不害怕
哪里会有风 就飞多远吧
隐形的翅膀 让梦恒久比天长
留一个 愿望 让自己想象

怒放的生命[①]

汪　峰

曾经多少次跌倒在路上
曾经多少次折断过翅膀
如今我已不再感到彷徨
我想超越这平凡的奢望
我想要怒放的生命
就像飞翔在辽阔天空
就像穿行在无边的旷野

---

① 《怒放的生命》的词、曲、演唱均由汪峰完成。

拥有挣脱一切的力量

曾经多少次失去了方向
曾经多少次破灭了梦想
如今我已不再感到迷茫
我要我的生命得到解放
我想要怒放的生命
就像飞翔在辽阔天空
就像穿行在无边的旷野
拥有挣脱一切的力量
我想要怒放的生命
就像矗立在彩虹之巅
就像穿行在璀璨的星河
拥有超越平凡的力量

曾经多少次失去了方向
曾经多少次破灭了梦想
如今我已不再感到迷茫
我要我的生命得到解放
我想要怒放的生命
就像飞翔在辽阔天空
就像穿行在无边的旷野
拥有挣脱一切的力量
我想要怒放的生命
就像矗立在彩虹之巅

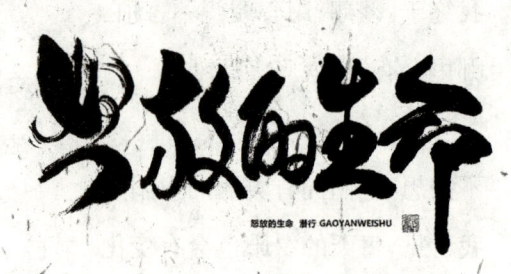

怒放的生命 墨行 GAOYANWEISHU

就像穿行在璀璨的星河

拥有超越平凡的力量

我想要怒放的生命

就像飞翔在辽阔天空

就像穿行在无边的旷野

拥有挣脱一切的力量

我想要怒放的生命

就像矗立在彩虹之巅

就像穿行在璀璨的星河

拥有超越平凡的力量

思考与练习

一、隐形的翅膀指什么？

二、结合自己的经历，谈谈这两首歌给你的启示。

三、读读记记

  1.永远以积极乐观的心态去拓展自己和身外的世界。　　——【中国】曾宪梓

  2.命运给予我们的不是失望之酒，而是机会之杯。因此，让我们毫无畏惧，满心愉悦地把握命运。　　——【美国】尼克松

口语交际训练：求职面试（下）

面试是一种在特定场景下，考官经过精心设计，通过对应试者面对面的观察、交谈等沟通方式，了解应试者素质特征、能力状况及求职动机等的人员甄选方式。根据每次参加应聘人数的多少，面试可分为单独面试和集体面试两种。

面试具有很大的弹性和很强的灵活性，可以灵活自如地考察应试者的仪表风度、口才、知识、能力、工作经验、性格特征等多方面的素质，在面试中引入无领导小组讨论、角色扮演、管理游戏等情景模拟手段，还可考察应试者的团队合作能力、实际工作能力及组织能力。

对于我们应届毕业生来说，因为缺乏经验，面试常常成为一道难过的坎儿，有很多毕业生顺利通过了简历关、笔试关，最后却在面试中出现失误。因此，掌握一定的面试技巧，锻炼好出色的口头表达能力，训练出敏捷的思维反应，显得十分重要。

【案例】

××市人才招聘会上，××公司招收营销专业的毕业生，要求学历中专以上。该市职业教育中心校营销专业的毕业生张明符合招聘条件，来到了该公司的招聘台前应聘。下面是该公司人事部李经理与张明之间的一段对话。

张明： 先生，您好！我是来应聘的。

李经理： 你好，欢迎你来我公司应聘。请坐，请自我介绍一下。

张明： 谢谢。我叫张明，今年20岁，今年7月将从市职业教育中心校营销专业毕业，希望应聘到贵公司招聘的岗位工作。

李经理： 我们市需要销售人才的企业很多，你为什么来我公司应聘呢？

张明： 今年年初，在考虑毕业后的出路时，我就关注我市的大型企业。一次偶然的机会，我从报纸上看到介绍贵公司的文章。贵公司重视人才，尤其重视技能型人才，给他们提供发展的平台。贵公司也出现了一批在我市很有影响的销售精英，给我留下了深刻的印象。如果我应聘成功，相信在贵公司为我提供的发展平台上，能发挥自己技能方面的特长，为贵公司的发展贡献一份力量。

李经理： 你对职业生涯有什么样的目标？

张明： 我希望通过自己的努力，在业务上不断积累经验，成为营销能手，在行业内被人知晓。

李经理： 你的心志不小。谈谈你在校期间的学习情况吧。

张明： 好。在校学习期间，除学习文化课以外，我主要学习了营销专业的专业基础课和专业骨干课，掌握了专业的相关理论知识和操作技能。在企业顶岗实习近一年的时间里，积累了一些实际工作经验。

李经理： 我公司希望招聘有实践、有技能的员工，请说说你这方面的情况。

张明： 可以。在校学习期间，学校就重视培养我们的实践技能，我以优异的成绩通过了劳动部门组织的营业员和收银员的考核，获得了上岗证书；还获得了国家级的二级助理电子商务师等级证书。我还参加了省里组织的技能大赛，获得了二等奖。另外，我在××电器公司实习期间得到实习单位的好评。

李经理： 请介绍一下你在校学习期间其他方面的情况。

张明： 在校期间，我担任校学生会主席的职务，负责组织开展学生会举办的各项活动。如校园文化艺术节、校园体育节等，具备了一定的组织能力和策划能力。还组织开展专题调查、去市敬老院做义工等社会活动，积累了一定的社会工作经验。

李经理：担任校学生会主席的经历，对你今后的工作有帮助吗？

张明：我觉得是很有帮助的。我认为工作中除具备相应的职业技能以外，组织、沟通和协调的能力，团队合作意识，与领导、同事和谐相处都很重要，担任学生会主席的经历，培养和锻炼了我在这些方面的能力。

李经理：在校学习期间，你有什么爱好？

张明：我兴趣比较广泛，爱好也比较多。喜欢踢足球，是校足球队队员，我校足球队参加市里组织的足球比赛，还获得了第三名。

李经理：参加工作以后，你还会继续学习吗？

张明：会的。工作中肯定会遇到在学校没有学到的知识；行业的发展，也会产生许多新的知识，这些都需要不断学习。

李经理：参加工作以后的业余时间，你如何利用它？

张明：我会利用业余时间参加学习，参加相关的专业活动。当然，我也会利用业余时间充分地放松自己，与亲友、同学、朋友聚会，外出旅游等。

李经理：你对应聘的这份工作在哪些方面有信心？

张明：我具备贵公司要求的技能方面的条件，具备一定的组织协调能力，有工作热情，有进取心，不怕吃苦。我相信自己能够胜任这份工作。

李经理：谈一谈你在工资和福利待遇方面的要求。

张明：如被贵公司录用，将非常感谢贵公司给我提供的工作机会，我将尽心尽力地工作。至于工资和福利待遇，本人没有什么要求，只要贵公司根据我们的具体条件执行你们的有关规定就可以了。

李经理：你还有什么要求和希望吗？

张明：我期待成为贵公司的一员。

李经理：谢谢你的介绍，请留下你相关的材料，能否录用，我们会尽快通知你。

张明：谢谢您！

李经理：不用谢，再见。

张明：再见。希望能听到贵公司的好消息。

【简评】

这是一段应聘时对话的案例。应聘人张明能够根据对方的提问恰当作答，回答实事求是，简洁利索。对方即席提出的一些颇具挑战性的问题，张明的回答也很得体。这反映了张明应聘时能认真倾听，同时也反映了张明平时就是一个善于思考、思维敏捷的人，"您""贵公司""谢谢"等词语，也体现了张明的个人素养。

【相关知识】

一、面试前应做的几项准备工作

1. 材料上的准备

面试需要的文字材料一般包括：个人简历、学历证书(含各类获奖证书、能力等级证书等)；应聘单位、应聘岗位的有关资料或情况介绍等。应聘者在面试前应尽可能熟悉这些材料，知己知彼，才能百战不殆。

简历写作应该充分挖掘自己的特长和亮点，把自己最有优势的地方放到最前面。对于不同类型的单位和岗位，也应该有针对性地采用不同的简历模式：比如对于外企，要强调英文水平、学习能力、团队合作精神、沟通能力；对于国企和事业单位，可以强调教育背景、政治面貌、获奖情况、学习成绩和踏实稳重的性格等内容；对于销售、管理类岗位，强调任职情况、组织活动、沟通协调能力、团队合作能力、解决问题能力等方面的情况；对于技术操作类的岗位，强调专业技能和实践操作经验。

2. 心理上的准备

调整好心态，尽量用平常心去迎接即将到来的面试。面试之前考虑对方可能会提出什么样的问题，自己应该怎样回答，对自己一时不能正确回答的问题应怎样回避，自己想从对方口中了解哪些情况等。准备工作做得越充分，自信心越足，面试时候发挥得越好。

3. 仪表上的准备

着装要整洁、端庄、得体，要符合学生身份，符合季节变换。不必刻意"求美""求酷"，给人华而不实的感觉。应聘广告、公关、营销或服务性行业的职位，形象设计可适当活泼。

二、单独面试中应注意的几个问题

1. 不要一味谦虚

凡事都有度，过犹不及。有时候一味谦虚反而会产生不好的效果。如下例：

某企业到学校招聘，学生甲参加面试。甲用一口标准好听的普通话回答了考官的几个问题。考官说："你的普通话说得不错。"甲说："不行，我说得不好。"考官笑笑："你说得挺好的，蛮标准的嘛。"甲更加不好意思了："真的，我说得并不好。还没有人说过我的普通话说得好呢。"考官有点尴尬，随便问了几句，就让甲走了。学生乙进来面试，考官问了几句后，同样说："你的普通话说得不错。"乙将身子略略前倾，说："谢谢您的夸奖，看来我的努力是有成效的。"考官问："能告诉我为什么要注意自己的说话吗？"乙说："说话是和别人交流沟通最便捷的一种方式，我不想因为自己这方面的缺陷，而影响了和别人的交流，失去了原本可以把握的种种机会。"考官点点头，对乙同学的回答感到满意。

2. 不要过分自信

过分自信，会让考官觉得你浮夸，会对你产生不信任的感觉。

3. 不要刻意讨好

刻意讨好考官会给考官做作虚伪的感觉。

某企业到学校招聘，丁同学获得了面试机会。丁同学为了给对方留下深刻印象，他首先向几位考官一一鞠躬致意，然后毕恭毕敬地站着。考官请他坐下，他说："在你们这些优秀的企业家面前，站着说话更能表达我的敬意。"

考官说:"你不要太拘谨了,我们不是企业家,更谈不上优秀。"丁同学说:"在我眼里就是的。我衷心希望能得到你们的提携和关照,并再一次地表达我的谢意。"丁同学说着又鞠了一躬。弄得几位考官面面相觑。

5. 要简洁明了,朴实无华

对考官的提问,应聘者在理解后应选择简洁的语言清楚明白地给予答复,不必随意展开。说话时用语以能够表达自己的真实想法和情感为宜。

6. 要从容坦然,表达流畅

应聘者在答问时一定要仔细倾听、认真理解,紧扣话题中心,不绕弯子。如果对所问的问题不能正确回答,也应明确承认,以示自己的诚意和务实的态度,不要想当然地随意发挥。表达时要避免使用"大概""也许"等模棱两可的词语,以及"无所谓""随便"等缺乏个性的词语;要吐字清晰,发音响亮,语速快慢适中,切忌自言自语、吞吞吐吐。

三、集体面试时应注意的几个问题

与单独面试不同,集体面试考察的重点是人际沟通、团队合作的能力、洞察与把握环境的能力、领导能力等等。无领导小组讨论是最常见的一种集体面试法,考官给出考题(题目一般源于招聘工作岗位的专业需要,或是现实生活中的热点问题,具有很强的岗位特殊性、情景逼真性和典型性),一般要求应聘者 5—10 人为一组,不指定负责人,经过短暂时间的思考,应聘者发表各自意见,然后进行小组自由讨论,最终相互协作解决问题。达成共识,并选出一个代表进行总结陈词,每位应聘者还可以对自己刚才的表现进行总结。众考官与应试者保持一定距离,不参加提问或讨论,通过观察、倾听,对应试者进行评分。

主考官评分的依据是:发言次数的多少;是否善于提出新的见解和方案;是否敢于发表不同的意见,坚持自己的意见;是否善于消除紧张气氛,说服别人,调解争议,营造一种使不大开口的人也想发言的气氛,把众人的意见引向一致；能否虚心倾听他人意见，是否尊重别人，是否侵犯他人发言权等等。参加这类面试，应该注意以下方面。

（1）不要过分突出自己。集体面试考察的是团队合作能力，集体利益是最重要的。考虑问题和说话时，一切都要服从整体目标。

（2）言语适度。既不能滔滔不绝，也不能总是沉默。

（3）要多与同组其他的人交换意见，积极讨论，求同存异。

（4）总结时，要首先肯定、强调其他成员在团队的这次任务中的作用，向他们表示感谢，再说自己为团队作出的贡献，并看到自己的不足。

四、面试中的非语言技巧

1. 进出面试现场的礼仪

进入面试现场时应先轻轻敲门，得到许可后方可进入，进门后应轻轻转身关门；进入现场时要主动与考官打招呼，可点头微笑，也可口头问候，但一般不宜主动与考官握手；进门后的步伐应轻快有力，给人积极向上的感觉；尽可能地记住几位考官的姓名职位(至少是姓氏)，在没有确切把握的情况下，可采用笼统的称呼，切忌张冠李戴。

面试结束时，要礼貌地与考官告辞。告辞时要面带微笑，并感谢对方给予自己这次面试机会；要有条不紊地整理好随身携带的物品；如果进门时受到现场工作人员的接待，离去时也要对他们的服务表示感谢。接近大门时要转身面向考官，点头示意后再退出门外，同时轻轻掩上房门。

2. 对坐姿的要求

正确的坐姿是双腿自然并拢，手放在膝上，腰板挺直，身体微微前倾。坐时不能太浅也不能太深，最好坐满三分之二以上。坐的时候不要随意做各种小动作，如抖腿、摸头等。

3. 对表情的要求

表情要自然，面带微笑，不要面无表情，也不要笑得太假。面带微笑会让你显得亲切、自然。

4.对目光的要求

注视考官的时候眼神要专注、柔和、自然，既不能咄咄逼人，也不能躲躲闪闪。注视的部位最好是考官的鼻眼三角区，如果有几个考官在场，说话时可以适当看一下其他考官。

练一练

XX装饰公司是XX市非常有名的一家装饰公司，因业务需要，拟招聘两名装潢设计师。即将毕业的林源很想到该公司工作。林源是五年制高职艺术设计专业毕业生，大专学历，曾经在市装潢设计大赛中得过金奖，也从事过一些社会实践。

假如你是林源，设想主考官会问你哪些问题，你该如何进行回答。把问题和回答写出来。

第四单元

夕阳之歌

单元导语

人生就是一段旅程，少年时朝气蓬勃，青年时激情洋溢，中年时稳重成熟，晚年时恬淡从容。如果说少年是一天的早晨，青年则是上午，中年是中午，晚年则是傍晚。古人诗云"夕阳无限好，只是近黄昏"。人到晚年，经历了起起伏伏，遭遇了世事纷扰，既有日暮天短的萧瑟，也有晚霞满天的美景。

本单元围绕"夕阳之歌"这一主题选取了5篇文章，这些文章或给予我们坦然面对人生苦难的坚定信念，或激励我们坚持原则，生活中保持善心多做善行。《好雪片片》是林清玄的散文佳作，他用细腻自然的笔触表现了一位居无定所、身无余财的老人的善行。《最后一片叶子》刻画了一位普普通通的老画家，一生寂寂无名，却在风雨之夜用生命画出了一片永恒的叶子，从而挽救了一个年轻的生命。《苏格拉底之死》是苏格拉底弟子柏拉图的一篇回忆性文章，缅怀苏格拉底为了坚持制度和维护法律，不愿从监狱出逃苟且偷生，宁可饮毒药而死的勇敢从容。《对话四则》的作者史铁生身残志坚，他说：生命"就像一场球赛，你无论是输了还是赢了，只要你看重的是过程，你满怀激情地参与过程，生龙活虎不屈不挠地投入了过程，你在这过程的每一分钟里就都是快乐的。"《归田赋》表达了张衡渴求回归田园生活、厌倦官场的心声，语言简练优美，意境清新，开东汉小赋之先河。

本单元基础写作练习是议论文，介绍了论点、论据、论证的相关知识，借以提高学生的语言表达能力。

16 好雪片片[①]

林清玄

· 课文导读 ·

  一个卖奖券的流浪老人，房无一间，地无一垄，居无定所，食不果腹，却没有磨灭善良的本性。肮脏的外表，遮不住他明净的善意；油腻的双手，挡不住他温情的传递。循着那笨拙的双手，我们仿佛觉得那美艳的红色塑胶奖券封套，就是一簇跳跃着的火焰，烘烤在我们的心头。通读全文，想一想，留存你记忆中的流浪老人是什么形象呢？

  文中说"好雪片片，不落别处"，在作者看来，"好雪片片"会落何处呢？观照他人，对照自己，你领悟到了什么？

  在信义路[②]上，常常会看到一位流浪的老人，即使热到摄氏三十八度的盛夏，他也穿着一件很厚的中山装，中山装里还有一件毛衣。那么厚的衣物使他肥胖笨重有如木桶。平常他就蹲坐在街角，歪着脖子，看来往的行人，也不说话，只是轻轻地摇动手里的奖券[③]。

  很少的时候，他会站起来走动。当他站起，才发现他的椅子绑在皮带上，

[①] 选自《不争，是一种慈悲》（九州出版社2014年版）。林清玄（1953—2019），台湾高雄人，当代著名作家、散文家、诗人、学者。笔名有秦情、林漓、林大悲、林晚啼、侠安、晴轩、远亭等。他是台湾作家中最高产的一位，也是获得各类文学奖最多的一位，被誉为"当代散文八大作家"之一。主要作品有"菩提系列""身心安顿系列"等。

[②] 【信义路】路名，位于台北市信义区。

[③] 【券（quàn）】票据或用作凭证的纸片。

◆ 第四单元 夕阳之歌 ◆

走的时候,椅子摇过来,又摇过去。他脚上穿着一双老式的牛伯伯打游击的大皮鞋,摇摇晃晃像陆上的河马。

如果是中午过后,他就走到卖自助餐摊子的前面一站,想买一些东西来吃,摊贩看到他,通常会盛一盒便当①送给他。他就把吊在臀部的椅子对准臀部,然后坐下去。吃完饭,他就地睡午觉,仍是歪着脖子,嘴巴微张。

到夜晚,他会找一块干净挡风的走廊睡觉,把椅子解下来当枕头,和衣,甜甜地睡去了。

卖艺人

我观察老流浪汉很久了,他全部的家当②都带在身上,几乎终日不说一句话,可能他整年都不洗澡的。从他的相貌看来,应该是北方人,流落到这南方热带的街头,连最燠热③的夏天都穿着家乡的厚衣。

对于街头的这位老人,大部分人都会投以厌恶与疑惑的眼光,小部分人则投以同情。

我每次经过那里,总会向老人买两张奖券,虽然我知道即使每天买两张奖券,对他也不能有什么帮助,但买奖券使我感到心安,并使同情找到站立的地方。

记得第一次向他买奖券那一幕,他的手、他的奖券、他的衣服同样的油腻污秽,他缓缓地把奖券撕下,然后在衣袋中摸索着,摸索半天掏出一个小

---

① 【便当(biàndāng)】指"盒饭"之类的简易食品。
② 【家当(jiādàng)】家庭的全部财产。
③ 【燠(yù)热】炎热、闷热。燠,暖、热。

小的红色塑胶套，这套子竟是崭新的，美艳得无法和他相配。

老人小心地把奖券装进红色塑胶套，由于手的笨拙，使这个简单动作也十分艰困。

"不用装套子了。"我说。

"不行的，讨个喜气，祝你中奖！"老人终于笑了，露出缺几颗牙的嘴，说出充满乡音的话。

他终于装好了，慎重地把红套子交给我，红套子上写着八个字："一券在手，希望无穷。"

后来我才知道，不管是谁买奖券，他总会努力地把奖券装进红套子里。慢慢我理解到了，小红套原来是老人对买他奖券的人一种感激的表达。每次，我总是沉默耐心地等待，看他把心情装进红封套，温暖四处流动着。

和老人逐渐认识后，有一年冬天黄昏，我向他买奖券，他还没有拿奖券给我，先看见我穿了单衣，最上面的两个扣子没有扣。老人说："你这样会冷吧！"然后，他把奖券夹在腋下，伸出那双油污的手，要来帮我扣扣子，我迟疑一下，但没有退避。

老人花了很大的力气，才把我的扣子扣好，那时我真正感觉到人明净的善意，不管外表是怎么样的污秽，都会从心的深处涌出，在老人为我扣扣子的那一刻，我想起了自己的父亲，鼻子因而酸了。

老人依然是街头的流浪汉，把全部的家当带在身上，我依然是我，向他买着无关紧要的奖券。但在我们之间，有一些友谊，装在小红套里，装在眼睛里，装在不可测的心之角落。

我向老人买过很多很多奖券，多未中过奖，但每次接过小红套时，我觉得那一时刻已经中奖了，真的是"一券在手，希望无穷"。我的希望不是奖券，而是人的好本质，不会被任何境况所淹没。

我想到伟大的禅师庞蕴[①]说的:"好雪片片,不落别处!"我们生活中的好雪、明净之雪也是如此,在某时某地当下即见,美丽地落下,落下的雪花不见了,但灌溉了我们的心田。

思考与练习

一、阅读课文,思考问题

  1. 从结构上看,文章可以分为三部分,该如何划分?各部分主要讲了什么内容?

  2. 文中写"我"以在老人那里买奖券"感到心安","并使同情找到站立的地方",为什么感到心安?"并使同情找到站立的地方"是什么意思?从中可以看出"我"是一个什么样的人?

  3. 文章中写"我"第一次向流浪老人买奖券时,有一个十分鲜明的对比,请说说这个对比的内容和表达作用。

  4. 文章以"好雪片片"为题,又以"好雪片片,不落别处"收束全文,你觉得有什么好处?

---

① 【庞蕴】字道玄,世号庞居士,唐朝时期衡州衡阳县(今湖南衡阳)人。

5.阅读全文后,你觉得文中这位流浪老人心灵美吗,思考心灵美和道德上的善有何异同。

二、课文中流浪老人"明净的善意"深深地感动了"我",使"我想起了自己的父亲,鼻子因而酸了"。读过课文后,你有什么感触?把它写下来。

三、读读记记
    1.善人者,人亦善之。　　　　　　　　　　——【中国】春秋·管仲
    2.没有单纯、善良和真实,就没有伟大。　　——【俄国】列夫·托尔斯泰

◆ 第四单元 夕阳之歌 ◆

17 最后一片叶子①

【美国】欧·亨利

·课文导读·

小说中身患肺炎的年轻画家琼西，生命垂危，尽管有好友苏的热情鼓励，但是她已经放弃了求生的努力，把生命寄托在最后一片常春藤叶子上。穷困潦倒的老画家贝尔门，倾尽生命顶风冒雨在墙上画下了一片"永不凋落"的常春藤叶，使琼西重燃生命之火，而自己却不幸去世。

欧·亨利的小说构思新颖，语言幽默，结局常在"意料之外"，又在"情理之中"。文中作者着力挖掘和赞美小人物的伟大人格和高尚品德，展示他们向往人性世界的美好愿望。

在华盛顿广场西边的一个小区里，街道都横七竖八地伸展开去，又分裂成一小条一小条的"胡同"。这些"胡同"稀奇古怪地拐着弯子。一条街有时自己本身就交叉了不止一次。有一回一个画家发现这条街有一种优越性：要是有个收账的跑到这条街上，来催要颜料、纸张和画布的钱，他就会突然发现自己两手空空，原路返回，一文钱的账也没有要到！

所以，不久之后不少画家就摸索到这个古色古香的老格林尼治村来，寻求朝北的窗户、18世纪的尖顶山墙、荷兰式的阁楼，以及低廉的房租。然后，

---

① 选自《一封寄给上帝的信》（海峡书局2015年版）。欧·亨利（1862—1910），美国著名批判现实主义作家，主要作品有《警察与赞美诗》《带家具出租的房间》《麦琪的礼物》《最后一片叶子》等。与法国的莫泊桑、俄国的契诃夫并称为"世界三大短篇小说之王"。

他们又从第六街买来一些蜡酒杯和一两只火锅,这里便成了"艺术区"。

苏和琼西的画室设在一所又宽又矮的三层楼砖房的顶楼上。"琼西"是琼娜的爱称。她俩一个来自缅因州,一个是加利福尼亚州人。她们是在第八街的"台尔蒙尼歌之家"吃份饭时碰到的,她们发现彼此对艺术、生菜色拉和时装的爱好非常一致,便合租了那间画室。

那是5月里的事。到了11月,一个冷酷的、肉眼看不见的、医生们叫作"肺炎"的不速之客,在艺术区里悄悄地游荡,用他冰冷的手指头这里碰一下那里碰一下。在广场东头,这个破坏者明目张胆地踏着大步,一下子就击倒几十个受害者,可是在迷宫一样狭窄而铺满青苔的"胡同"里,他的步伐就慢了下来。

肺炎先生不是一个你们心目中行侠仗义的老绅士。一个身子单薄,被加利福尼亚州的西风刮得没有血色的弱女子,本来不应该是这个有着红拳头的、呼吸急促的老家伙打击的对象。然而,琼西却遭到了打击。她躺在一张油漆过的铁床上,一动也不动,凝望着小小的荷兰式玻璃窗外对面砖房的空墙。

一天早晨,那个忙碌的医生扬了扬他那毛茸茸的灰白色眉毛,把苏叫到外边的走廊上。

"我看,她的病只有十分之一的恢复希望,"他一面把体温表里的水银柱甩下去,一面说,"这一分希望就是她想要活下去的念头。有些人好像不愿意活下去,喜欢照顾殡仪馆的生意,简直让整个医药界都无能为力。你的朋友断定自己是不会痊愈的了。她是不是有什么心事呢?"

"她……她希望有一天能够去画那不勒斯的海湾。"苏说。

"画画?真是瞎扯!她脑子里有没有什么值得她想了又想的事——比如说,一个男人?"

"男人?"苏像吹口琴似的扯着嗓子说,"男人难道值得……不,医生,没有这样的事。"

"哦,那么就是她病得太衰弱了。"医生说,"我一定尽我的努力用科学所能达到的全部力量去治疗她。可要是我的病人开始算计会有多少辆马车送她出丧,我就得把治疗的效果减掉百分之五十。只要你能想法让她对冬季大衣袖子的时新式样感到兴趣而提出一两个问题,那我可以向你保证把医好她的机会从十分之一提高到五分之一。"

医生走后,苏走进工作室里,把一条日本餐巾哭成一团湿。后来她手里拿着画板,装作精神抖擞的样子走进琼西的屋子,嘴里吹着爵士音乐调子。

琼西躺着,脸朝着窗口,被子底下的身体纹丝不动。苏以为她睡着了,赶忙停止吹口哨。

她架好画板,开始给杂志里的故事画一张钢笔插图。年轻的画家为了铺平通向艺术的道路,不得不给杂志里的故事画插图,而这些故事又是年轻的作家为了铺平通向文学的道路而不得不写的。

苏正在给故事主人公,一个爱达荷州牧人的身上,画上一条马匹展览会穿的时髦马裤和一片单眼镜时,忽然听到一个重复了几次的低微的声音。她快步走到床边。

琼西的眼睛睁得很大。她望着窗外,数着……倒过来数。

"12,"她数道,歇了一会又说,"11。"然后是"10"和"9",接着几乎同时数着"8"和"7"。

苏关切地看了看窗外。那儿有什么可数的呢?只见一个空荡阴暗的院子,20英尺以外还有一所砖房的空墙。一棵老极了的常春藤,枯萎的根纠结在一块,枝干攀在砖墙的半腰上。秋天的寒风把藤上的叶子差不多全都吹掉了,几乎只有光秃的枝条还缠附在剥落的砖块上。

"什么呀,亲爱的?"苏问道。

"6,"琼西几乎用耳语低声说道,"它们现在越落越快了。三天前还有差不多一百片。我数得头都疼了。但是现在好数了。又掉了一片。只剩下五片了。"

"五片什么呀,亲爱的?告诉你的苏娣吧。"

"叶子。常春藤上的。等到最后一片叶子掉下来,我也就该去了。这件事我三天前就知道了。难道医生没有告诉你?"

"哼,我从来没听过这种傻话,"苏十分不以为然地说,"那些破常春藤叶子和你的病好不好有什么关系?你以前不是很喜欢这棵树吗?你这个淘气孩子。不要说傻话了。瞧,医生今天早晨还告诉我,说你迅速痊愈的机会是——让我一字不改地照他的话说吧——他说有九成把握。噢,那简直和我们在纽约坐电车或者走过一座新楼房的把握一样大。喝点汤吧,让苏娣去画她的画,好把它卖给编辑先生,换了钱来给她的病孩子买点红葡萄酒,再给她自己买点猪排解解馋。"

"你不用买酒了,"琼西的眼睛直盯着窗外说道,"又落了一片。不,我不想喝汤。只剩下四片了。我想在天黑以前等着看那最后一片叶子掉下去。然后我也要去了。"

"琼西,亲爱的,"苏俯着身子对她说,"你答应我闭上眼睛,不要瞧窗外,等我画完,行吗?明天我非得交出这些插图。我需要光线,否则我就拉下窗帘了。"

"你不能到那间屋子里去画吗?"琼西冷冷地问道。

"我愿意呆在你跟前,"苏说,"再说,我也不想让你老看着那些讨厌的常春藤叶子。"

"你一画完就叫我。"琼西说着,便闭上了眼睛。她脸色苍白,一动不动地躺在床上,就像是座横倒在地上的雕像。"因为我想看那最后一片叶子掉下来,我等得不耐烦了,也想得不耐烦了。我想摆脱一切,飘下去,飘下去,像一片可怜的疲倦了的叶子那样。"

"你睡一会吧,"苏说道,"我得下楼把贝尔门叫上来,给我当那个隐居的老矿工的模特儿。我一会儿就回来。不要动,等我回来。"

老贝尔门是住在她们这座楼房底层的一个画家。他年过60,有一把像米开朗基罗的摩西雕像那样的大胡子,这胡子长在一个像半人半兽的森林之神的头颅上,又鬈曲地飘拂在小鬼似的身躯上。贝尔门是个失败的画家。他操了40年的画笔,还远没有摸着艺术女神的衣裙。他老是说就要画他的那幅杰作了,可是直到现在他还没有动笔。几年来,他除偶尔画点商业广告之类的玩意儿以外,什么也没有画过。他给艺术区里穷得雇不起职业模特儿的年轻画家们当模特儿,挣一点钱。他喝酒毫无节制,还时常提起他要画的那幅杰作。除此以外,他是一个火气十足的小老头子,十分瞧不起别人的温情,却认为自己是专门保护楼上画室里那两个年轻女画家的一只看家狗。

苏在楼下他那间光线黯淡的斗室里找到了嘴里酒气扑鼻的贝尔门。一幅空白的画布绷在画架上,摆在屋角里,等待那幅杰作已经25年了,可是连一根线条还没等着。苏把琼西的胡思乱想告诉了他,还说她害怕琼西自个儿瘦小柔弱得像一片叶子一样,对这个世界的留恋越来越微弱,恐怕真会离世飘走了。

老贝尔门两只发红的眼睛显然在迎风流泪,他十分轻蔑地嗤笑这种傻呆的胡思乱想。

"什么!"他喊道,"世界上真会有人蠢到因为那些该死的常春藤叶子落掉就想死?我从来没有听说过这种怪事。不,我才不给你那隐居的矿工糊涂虫当模特儿呢。你干吗让她胡思乱想?唉,可怜的琼西小姐。"

"她病得很厉害很虚弱,"苏说,"发高烧发得她神经错乱,满脑子都是古怪想法。好,贝尔门先生,你不愿意给我当模特儿就拉倒,我看你是个讨厌的老……老啰嗦鬼。"

"你简直太婆婆妈妈了!"贝尔门喊道,"谁说我不愿意当模特儿?走,我和你一块去。我不是讲了半天愿意给你当模特儿吗?老天爷,琼西小姐这么好的姑娘真不应该躺在这种地方生病。总有一天我要画一幅杰作，我们就可以都搬出去了。一定的！"

他们上楼以后，琼西正睡着觉。苏把窗帘拉下，一直遮住窗台，做手势叫贝尔门到隔壁屋子里去。他们在那里提心吊胆地瞅着窗外那棵常春藤。后来他们默默无言，彼此对望了一会儿。寒冷的雨夹杂着雪花不停地下着。贝尔门穿着他的旧的蓝衬衣，坐在一把翻过来充当岩石的铁壶上，扮作隐居的矿工。

第二天早晨，苏只睡了一个小时的觉，醒来了，她看见琼西无神的眼睛睁得大大地注视拉下的绿窗帘。

"把窗帘拉起来，我要看看。"她低声地命令道。

苏疲倦地照办了。

然而，看呀！经过了漫长一夜的风吹雨打，在砖墙上还挂着一片藤叶。它是常春藤上最后的一片叶子了。靠近茎部仍然是深绿色，可是锯齿形的叶子边缘已经枯萎发黄，它傲然挂在一根离地20多英尺的藤枝上。

"这是最后一片叶子。"琼西说道，"我以为它昨晚一定会落掉的。我听见风声。今天它一定会落掉，我也会死的。"

"哎呀，哎呀，"苏把疲乏的脸庞挨近枕头边上对她说，"你不肯为自己着想，也得为我想想呀。我可怎么办呢？"

但是琼西不回答。当一个灵魂正在准备走上那神秘、遥远的死亡之途时，她是世界上最寂寞的人了。那些把她和友谊极大地联结起来的关系逐渐消失以后，她那个狂想越来越强烈了。

白天总算过去了，甚至在暮色中她们还能看见那片孤零零的藤叶仍紧紧地依附在靠墙的枝上。后来，夜的到临带来了呼啸的北风，雨点不停地拍打着窗子，雨水从低垂的荷兰式屋檐上流泻下来。

天刚蒙蒙亮，琼西就毫不留情地吩咐拉起窗帘来。

那片藤叶仍然在那里。

琼西躺着对它看了许久。然后她招呼正在煤气炉上给她煮鸡汤的苏。

"我是一个坏女孩,苏,"琼西说,"天意让那片最后的藤叶留在那里,证明我是多么坏。想死是有罪过的。你现在就给我拿点鸡汤来,再拿点掺葡萄酒的牛奶来,再……不,先给我一面小镜子,再把枕头垫垫高,我要坐起来看你做饭。"

过了一个钟头,她说道:"苏,我希望有一天能画那不勒斯的海湾。"

下午医生来了,他走的时候,苏找了个借口跑到走廊上。

"有五成希望。"医生一面说,一面把苏细瘦的、颤抖的手握在自己的手里,"好好护理你会成功的。现在我得去看楼下另一个病人。他的名字叫贝尔门——听说也是个画家。也是肺炎。他年纪太大,身体又弱,病势很重。他是治不好的了。今天要把他送到医院里,让他更舒服一点。"

第二天,医生对苏说:"她已经脱离危险,你成功了。现在只剩下营养和护理了。"

下午苏跑到琼西的床前,琼西正躺着,安详地编织着一条毫无用处的深蓝色毛线披肩。苏用一只胳膊连枕头带人一把抱住了她。

"我有件事要告诉你,小家伙,"她说,"贝尔门先生今天在医院里患肺炎去世了。他只病了两天。头一天早晨,门房发现他在楼下自己那间房里痛得动弹不了。他的鞋子和衣服全都湿透了,冰凉冰凉的。他们搞不清楚在那个凄风苦雨的夜晚,他究竟到哪里去了。后来他们发现了一盏没有熄灭的灯笼,一把挪动过地方的梯子,几支扔得满地的画笔,还有一块调色板,上面涂抹着绿色和黄色的颜料,还有……亲爱的,瞧瞧窗子外面,瞧瞧墙上那最后一片藤叶。难道你没有想过,为什么风刮得那样厉害,它却从来不摇一摇、动一动呢?唉,亲爱的,这片叶子才是贝尔门的杰作——就是在最后一片叶子掉下来的晚上,他把它画在那里的。"

思考与练习

一、课文为什么极力刻画贝尔门是个潦倒的画家,且性格怪异,缺点不少,这样写与他最后的行为是不是矛盾?

二、文章的结局有怎样的特点?能找出前面的伏笔吗?

三、你认为小说的主人公是谁?

四、"最后一片叶子"对琼西和贝尔门各有什么含义?

五、小说涉及善良、友情、信念等主题,请说说你的看法。

六、读读记记

  1.勿以恶小而为之,勿以善小而不为。 ——《三国志》

  2.灵魂最美的音乐是善良。 ——【法国】罗曼·罗兰

◆ 第四单元 夕阳之歌 ◆

18 苏格拉底之死①

柏拉图

•课文导读•

公元前399年，雅典以提倡新神、败坏青年这两项罪名，处死了一个除言论自由以外没有任何犯罪行为的伟大哲学家——苏格拉底，苏格拉底认为服从法律是公正的基本要求，宁愿赴死也不逃跑。历史证明，他是伟大的，值得尊敬的。

苏格拉底用生命捍卫了思想的尊严，他的弟子柏拉图经历了这一场震撼心灵的生离死别，近距离、详细地记录了哲人从容面对死亡的整个过程，刻画了这位胸怀理想和信念、优雅赴死的伟人形象。

我想把事情的经过详尽地告诉你们。在前些日子里，我和其他一些人养成了每天拜访苏格拉底的习惯。我们总是拂晓时分在法院相会，因为这儿离监狱很近，每天我们都一边等待一边谈话，直到监狱开门。一看见监狱开门，我们便来到苏格拉底身边，并陪他度过一天中的绝大部分时间。

那天，我们去得更早一些，因为前一天离开监狱后，我们就听说了那艘圣船已经从代洛斯归来了的消息。当我们走到监狱门口时，平时为我们开门的那个看守已经站在门外，他让我们等在那儿，直到他通知我们才能进去。

---

① 选自《世界名人记事经典》（辽宁人民出版社1995年版）。苏格拉底（前469—前399），古希腊著名思想家、哲学家，西方哲学的奠基人。柏拉图（约前427—前347），古希腊著名唯心论哲学家，他和老师苏格拉底、学生亚里士多德并称为"古希腊三大哲学家"。

他说:"因为11人陪审团正在为苏格拉底除去脚镣手铐,同时向他宣布,今天应该如何死去。"耽搁了一段时间后,他终于又走出来放我们进去了。我们见到了苏格拉底,他的脚镣手铐已经被除去了,桑蒂比——你们都知道她是谁——抱着他们的小儿子坐在他的身旁。看到我们时,桑蒂比哭了起来,还说着那些女人们都会说的话:"噢,苏格拉底,这是你的朋友最后一次来与你交谈了。"苏格拉底看了一眼克利托说:"克利托,找个人把她送回家去吧。"克利托便让他的随从们把她扶出去了,她嚎哭着并用拳头捶打着自己的胸部。苏格拉底仍然坐在床上,并且将两条腿蜷了起来,他说:"多么不可思议,我的朋友们,这简直就是人们称之为欢乐的那种东西!欢乐,它奇妙地与自己的对立物——痛苦相联,它们本来是不可能在同一时刻降临到同一个人身上的,但假如他能执着地追寻其中的一个,并且牢牢地抓住它,那么他很可能同时感受到另一个的存在,它们两个就融入了他的头脑中。我想,"他接着说,"如果伊索思考这个问题的话,他肯定会写一篇寓言来描述它们两者先是如何进行激战,然后神又是如何使它们重归于好的;若是它们不愿意和睦相处,神就会将它们的脑袋捆在一起,正因为如此,当它们中的一个来到任何人身上时,另一个便会接踵而至①。我所感受到的正是这一情景,当痛苦跟随着镣铐来到我身上时,欢乐很快也降临了。"

当他说完这段话后,克利托说:"现在,苏格拉底,你是否要为我们和你的孩子留下些指教——我们还能为你做些什么事吗?"

苏格拉底说:"克利托,我没有什么新的东西要告诉你们了。只要你们都能够照顾好自己,就是对我最好的报答了。无论你们做什么——即使你们现在什么也没允诺——假如你们忽略了自己,并且不愿意一步步认认真真地生活下去,沿着我们在过去无数次讨论中已经勾画出来的道路生活下去,那么你们

---

① 【接踵(zhǒng)而至】指人们前脚跟着后脚,接连不断地来,形容来者很多,络绎不绝。踵,脚后跟。

将会一事无成。"

"我们将努力地按你说的去做。但是我们该怎样掩埋你呢？"克利托问。

"随你们的意愿，"苏格拉底回答说，"如果你们抓住我，我当然无法从你们手中挣脱。"说到这里他轻轻地笑出了声，随后看了我们一眼说："我的朋友们，现在我无法说服克利托，使他相信这个正在说话的苏格拉底就是真实的我；他觉得我是个很快会变成死尸的人，所以他竟然问我如何掩埋我。我已经反复说过，饮鸩①之后，我将与你们分离，去一个欢乐的世界，这些你们都已经知道了。但他肯定认为这些话并不出自我的肺腑，只是为了安慰你们而已。"他又说："因此，请你们为了我使克利托确信，我死了之后是不可能再与你们在一起的，我将离开。这样，克利托或许更容易承受一些，而不致太过悲伤。他也许就不会在葬礼上说他正在埋葬苏格拉底，或者说他要跟苏格拉底到地狱去之类的话。亲爱的克利托，虽然这些话本身并没有什么，但它们却有可能使我们的灵魂沾染上邪恶。不，你一定要振作精神，并且说你将和苏格拉底告别。"

说完这番话，他站起身到另一间屋子去沐浴。克利托跟随着他，但却要求我们大家等在这里。我们边等边讨论刚才的谈话，接着又为降临到我们身上的这个巨大的不幸而悲哀，因为我们都将他视为慈父，失去他会使我们像孤儿一般无依无靠。当他沐浴完毕后，他的孩子就被送到了他的身边——两个小儿子和一个较大的儿子——他的妻子也来了。克利托陪着他们。苏格拉底向他的妻儿说了一些临别的话。接着，他让女人先离去，他本人又回到了我们中间。这时太阳快要下山了，因为他在隔壁的房间呆了很长时间。他坐了下来，但没再多说什么。这时，11人陪审团的随从走了进来，他站在苏格

---

① 【鸩（zhèn）】用鸩的羽毛泡成的毒酒。鸩是一种传说中的毒鸟，它的羽毛有剧毒，放入酒中能置人于死地。

拉底面前说:"苏格拉底,我绝不愿意因为你曾咒骂过我而找你的茬子,因为我发现你在这里所有的日子都显示出你是最高尚、最仁慈的。现在我明白了,你的愤怒并不是针对我,而是针对其他人的,你知道谁才是罪魁祸首。现在,你已经知道我带来的是什么消息了,我们即将永别,我希望能像你一样轻松地面对这一噩讯。"但他无法抑制自己的眼泪,只得转身走了出去。苏格拉底抬头看了看他说:"我也向你道别了,朋友,我将按你所说的去办。"接着他又对我们说:"这是个多么好的人啊!自从我被关进这里之后,他就时常来看望我并与我交谈,他是那些人中间最善良的一个。你们看,他是多么真诚地为我而哭泣!但是克利托,请你过来,让我们来执行他带来的命令吧,如果毒药已经准备好了,就让他们把它拿来吧;如果还没准备,就让他们快些。"克利托说:"但是我想,苏格拉底,现在太阳并未下山呀!我知道有些人是很迟才喝毒药的,他们一直要拖到最后时刻。同时,他们总是先大吃大喝一顿,甚至还要享受一下他们最喜爱的活动。请你别太匆忙,现在还有时间啊。"

苏格拉底说:"克利托,你提到的那些人在按他们自己意愿这样行事时,他们是正确的。因为他们相信那样做是有益处的。而我不像他们那样做

苏格拉底之死

也是对的,因为我觉得推迟些喝毒药并没有什么益处。如果我死抓住生命不放,希图苟延残喘,那我就会瞧不起自己。我生命的最后时刻已经来临,我不愿意躲避。来吧,按我说的去做。"

克利托不再说什么,他对站在不远处的一个男孩点了点头。这个男孩跑了出去,过了很长时间他带着一个端着毒药的男人走了回来。苏格拉底对来人说:"好吧,朋友,关于这类事情你一定知道得很多,我该怎么做呢?"那人说:"没别的,你只须将毒药喝下去并来回走动就行了,当你感到双腿沉重时就可以躺下了。"

这时,他将杯子递给苏格拉底。苏格拉底瞧了一眼手中的毒药,依然显得十分平静,他脸色没变,手也没有颤抖。他又抬头睁大眼睛看着那人,就像他平时习惯的那样。他说:"我是否要洒一些毒药在地上敬敬某位神灵?""苏格拉底,我准备的毒药刚够一个人喝的。""我明白了,"苏格拉底说,"但我觉得我还是应该向那些神灵们祈祷,因为离开尘世对我而言实在是一件非常幸运的事情。"说着他就将杯子举到唇边,带着宁静而欣慰的神色将杯中的毒药一饮而尽。在此之前,我们中的大部分人还能忍住自己的眼泪,但当亲眼看着他把毒药喝下去时,我们的泪水就像决了堤的水一样涌了出来。我用袍子蒙住头,独自哭着,我不是为他而哭泣,我是为自己竟会失去这样一个好朋友的巨大不幸而哭泣。克利托在我之前就已站起身走开了,因为他难以忍受这巨大的悲痛。但阿帕罗道鲁斯却失声号啕起来,这使我们都悲痛欲绝。只有苏格拉底本人是个例外。他说:"这是干什么呀,你们这些古怪的人!我正是不愿看到这种情景才把女人先送走的。我听说一个人最好是在沉默中死去,所以我恳求你们安静并勇敢些。"这时,我们才对自己的行为感到羞愧,大家尽可能地控制住啜泣。他来回走着,过了一会儿他说感到双腿非常沉重,于是脸朝天躺了下来,因为这是刚才那个送毒药的人对他的忠告。一个监督死刑执行情况的狱吏把自己的双手按在苏格拉底的身上,过了一会儿他摸了摸苏格拉底的脚和大腿,然后使劲掐了掐他的脚,问道:"你能感觉到疼吗?"苏格拉底回答说:"不。"他又掐苏格拉底的大腿和身体的其他部分,一边掐一边告诉我们,一股寒气正在慢慢地上升,苏格拉底的躯体正从下往上开始僵硬。接着他触摸了一下苏格拉底的身体说："当寒气到达心脏时，他将死去。"说着，他将盖在苏格拉底脸上的布揭开。苏格拉底说——这是他最后的话了："克利托，我还欠伊斯科莱普斯一只鸡，你一定替我还给他。"克利托说："我一定照办，但请你想想还有其他话要对我们说吗？"对这个问题苏格拉底没有给予任何回答。过了一会他动弹了一下，当脸上的布再次揭开时，他的双眼似乎已经定住了。克利托看到这一情景，便帮他合上了双眼和嘴唇。

　　一切都结束了，埃切克莱特，我们的朋友，这便是我要说的一切，这个我们熟悉的、最好的、最聪明的、最正直的人离我们而去了。

思考与练习

一、课外阅读斯通的《苏格拉底的审判》，结合课文，思考问题

　　1.结合文章具体内容，说一说苏格拉底是一个怎样的人，他为什么会被判死刑，为什么选择死而不是逃跑？

　　2.临终时，苏格拉底唯一的"吩咐"就是"只要你们都能照顾好自己"，这是指什么呢？

　　3.服毒就死时的苏格拉底非常平静，并劝慰那些伤心哭泣的学生，这种异于常人的力量从何而来？

4. 课文中主要描写了哪些人？他们在这一特殊时刻是怎样的心态和情绪？

二、在你的成长中，谁对你的影响最大？他的哪件事、哪些话、哪一幕场景给你留下了深刻的印象？

三、读读苏格拉底的名言，说说自己的感受
    1. 世界上最快乐的事，莫过于为理想而奋斗。

    2. 谁不能主宰自己，谁就永远是一个奴隶。想左右天下的人，须先左右自己。

    3. 智慧意味着自知无知。

    4. 未经审视的生活是毫无价值的。

四、读读记记
    1. 苟利国家生死以，岂因祸福趋避之。　　——【中国】清·林则徐
    2. 我们只有献出生命，才能得到生命。　　——【印度】泰戈尔

19 对话四则[1]（节选）

史铁生

• 课文导读 •

史铁生的《对话四则》，第一则谈死，第二则谈生，第三则谈事业，第四则谈平等，这篇文章节选的是前两则对话。

当灾难降临时，是逃避还是面对？史铁生命运多舛，却自强不息。《对话四则》语言平实，用最真实的经历，娓娓道来，阐释了人生的起落，情感真挚，以发自身心的大感悟，破解生命的意义。

一、关于死

M：你想过死吗？

S：想过，可是想不明白。大概活着的人都不可能想得明白。

M：不，我不是问死是怎么回事，我是说，你想没想过死？

S：你是说寻死，或者说自杀，但是你不忍心用这个词。用不着这样，想寻死不见得就是坏事，这说明一个人对生命的意义有着要求，否则的话他怎么活着都行。

M：从理性上讲我很理解，但是我没有过这样的亲身体验，我从来没有真的想要去死过。而你有过？

---

[1] 选自《史铁生作品精选》（长江文艺出版社2015年版）。史铁生（1951—2010），当代著名作家，1967年毕业于清华大学附中，1969年到延安一带插队，因双腿瘫痪于1972年回到北京。后来患肾病并发展到尿毒症，靠透析维持生命，2010年突发脑溢血逝世。主要作品有《我与地坛》《病隙碎笔》《务虚笔记》等。

S：是的。不过这无法证明，因为我毕竟还活着。我只是曾经非常渴望过死，祈求过死。

M：因为什么事？因为你的双腿瘫痪？

S：差不多，总归跟我的病有关，虽然并不总是这么直接。都是什么事说起来话长，但总之是因为我感到了绝望。

M：你这句话等于没说，当然是绝望。

S：比如说，你终于明白你再也站不起来了。比如说，才只有21岁，你却不能上大学，大学已经预先把你开除了；你也找不到正式工作，好像你已经到了退休的时候。差不多所有的人都会称赞你的坚强，但是有一个前提：你不要试图成为他们的女婿。如果你爱上了一个姑娘，你会发现最好的方式是离开她，否则说不定她比你还痛苦。你最好是做个通情达理的人，那样会安全些，那样你会得到好评，但是这样一来你就不知道为什么还要活着了。这就是绝望。如果你走运，你会有一对爱你的父母，会有一些好朋友，但是你经常会在他们脸上看见深深的忧虑，你自然就会想，你活着是给他们带来的帮助多呢还是麻烦多呢？是安慰多呢还是愁苦多呢？这就是绝望。我知道，就在咱俩这样说着的时候，正有很多人处在这样的绝望中。

M：你是怎么从这样的绝望中摆脱出来的呢？你怎么没死？

S：别着急，早晚会死的。

M：少贫嘴。我是说，你怎么没自杀？

S：一点儿都不贫嘴。我听了卓别林的劝。

M：我跟你说正经的呢。

S：要是你正正经经地陷入了绝望，你不妨听听幽默大师的话。当然，使我没去自杀的原因很多，但是我第一次平心静气地放弃自杀的念头却是因为听了卓别林的劝，以后很多次都是这样。幸好有一天我去看了那场电影，什么名字我忘了，一个女人想自杀，但被卓别林扮演的那个角色发现了。女人很埋怨他，发了疯似的喊："你为什么不让我死？为什么不让我死！"卓别林慢悠悠不动声色地说："着什么急？早晚会死的。"

M：真是妙。

S：怪事，为什么他说了就"真是妙"，我说了就是"少贫嘴"呢？

M（笑）：你让我想想，嗯……

M：可能是这样，我在听他说这句话之前已经进入了幽默的心态，已经对幽默有了准备，卓别林这三个字就像一个信号把我带进了另一种思维方式，我自然而然就跳出了常规的逻辑。

S：就是就是，关键是你得进入幽默，关键是卓别林能把你领进幽默中去。在那之前我从来没想到过对于死还有这样一种态度。一般人们总是劝你坚强些："别这么软弱，你应该坚强些。"你想，要是医生对病人说："别生病，健康些，你应该健康些。"这不是废话吗？

M：人家这是好意，我讨厌你这样对待人家的好意。

S：我也知道这是好意，事后我也后悔这样对待人家的好意，但是当我一心一意想死的时候我不在乎谁讨厌我。还有，还有人会这样劝你："别这么悲观，生活是多么美好，你要热爱生活。"如果生活一向只是美好，如果生活中压根儿没有悲哀没有丑恶没有绝望，活下去本来就不需要谁来劝，就像吃喝拉撒睡一样用不着谁来劝。比如说，被侮辱、被歧视、被不公平不平等地对待，而且这局面很可能坚如磐石至少在九十九年里无法动摇，这样的事让你碰上了，没让他碰上，你想死，他却用"生活是多么美好"来劝你活，当然他这也是好意，但是你不觉得他比我还讨厌吗？

M：还有些人，谈死色变。你一说到死，他就说"哎哎，老提什么死呀，怪不吉利的"，或者说"嘘嘘——，别老这么悲观，要说死找没人的地方说去"，好像不知道死就是乐观，好像不说死就能不死了似的。

S：那倒不怎么讨厌，那不过是让死吓的。其实他知道人必有一死，这一事实吓得他不敢再想下去。很可能他还会找到一种自我安慰的方法："活着先说活着的事。"那么死呢？"咳，到时候再说。"这让人想起其他动物，除了人，其他动物都是这么任凭生死摆布的，并且对此毫无意见。

M：也许倒是人错了呢？想它又管什么用？顺其自然，也许倒是其他动物对了呢？

S：顺其自然大概不等于逆来顺受，人对生、对死都要求有意义。先不说这个，总而言之，要是我们一时弄不清是做人好还是做其他动物好，我们不妨只记住一个事实：我们是人，我们避不可免地得思考生和死的问题。就是说，无论我们赞成思考这一问题，还是禁止思考这一问题，还是设法逃避这一问题，我们都已经进入了这一问题，我们可以羡慕其他动物，但是从我们是了人的那一天起，我们就无法改变自己的种类了。况且，子非鱼，安知鱼不知生死乎？这有点像废话了。

M：还说卓别林吧，还说你是怎么听了他的劝的吧。

S：关键是卓别林先让你放了心，他不像很多人那样先劈头盖脸地反击、嘲笑，或是企图粉碎你的愿望，他理解你的一切苦衷，他相信死也是人的一种权利，他和你站在一起维护你的这个权利，然后他只是提醒你：死神是最守信用的，他早晚会来的，你又何必这么着急呢？我真是长长地出了一口闷气，觉得轻松多了。死本来是绝望，但卓别林轻而易举地把它变成了一种希望。这希望有两层意思：一是说，要是你真的再没有力气了，你放心吧，那时候死神肯定会来搭救你；二是说，既然如此你何必不再试试呢？说不定你还能玩出什么花样来高兴高兴呢。可不是么？你活着已经苦到了头，你想死而死又是那么样地可靠，你还怕什么呢？你还会再有什么损失呢？你就再试试呗。

M：摆脱死的诱惑就这么简单？

S：当然不会就这么简单。我只是说，要是别人或是你自己忽然想寻死，要是你还有可能劝劝别人或者是你自己，让我说，卓别林的劝法是最有效的办法。至于彻底摆脱绝望摆脱死神的诱惑,可能只有两个办法,一是设法把自己变成傻瓜,一是在明白了过程就是目的之后。

二、关于生

M:上次你说,彻底摆脱死神的诱惑只有两个办法,一个办法是当傻瓜,还有一个办法就是得明白——过程就是目的。

S:是。

M:这么说,你是靠了后一种办法喽?

S:为什么?

M:我看你不像个傻瓜。

S:谢谢。我希望我没辜负你的恭维。

我还要补充一点。照我的理解,"傻瓜"一词绝不是指先天的弱智,而是指后天的麻木。弱智常常并不妨碍弱智者向他们不公正的命运要求意义。可是对生命意义的麻木不仁,却可以使智力健全的生命仅仅成为一种生理现象,而不是精神过程。

M:这样的人只是活着,无论怎样活着只要活着就够了,因此他们不会有烦恼得要去自杀的时候。可这又有什么不好呢?在烦恼和傻瓜之间,选择后者说不定是更明智的呢。

S:也许是吧,所以我说那也不失为一种活着的办法。

M:那你为什么不选择这种办法?

S:我试过,但是没成功。

M:在这点上咱俩倒是挺一样。我也试过,可是不行。我老是想,与其那样活着倒不如死了痛快。

S:亚当和夏娃吃了禁果,知道了善与恶,被逐出了伊甸园,再也回不去了。所谓"知道了善与恶"其实就是对生活有了价值判断,对生命的意义有了要求，所以我们跟亚当夏娃一样，也别想回去当傻瓜了。

《圣经》上说，亚当和夏娃被逐出伊甸园，人类历史从此开始。这说法真是妙极了。也就是说，从此开始他们才是人了，由此他们才有别于其他动物而成为人了。遗憾的是人们只注意到了这是痛苦的开始，而没看到这才有了人生欢乐的可能。人们应该理解上帝的好意。把那个伊甸园称为乐园实在荒唐，我相信那儿可能没有痛苦，但没有痛苦的地方肯定也没有欢乐。所以我想，还是别回到伊甸园去当那漫长的傻瓜吧。

M：所以你选择了第二个办法？

S：不如说是去寻找另外的办法，因为第二个办法不是现成的。但是，如果你相信死是一件不必着急的事，如果你又不想去当那个漫长的傻瓜，如果你诚心诚意地去找另外的办法，你就准能找到它，你找到的就准是它。

M：玄了。我看你是不是越说越玄了？你就直截了当地说吧，怎么会"过程就是目的"呢？

S：比如说踢足球，全场九十分钟常常才进一两个球，有时候甚至是零比零，那么目的是什么呢？就是过程，在这九十分钟的过程中证明和欣赏生命矫健、坚强、智慧和优美。其实要想多进球还不简单吗？只要越位不算犯规，大伙都上大门那儿等着去，要不干脆一开始就罚点球，保险进球多。可是那样就没意思了，没有了过程，就没有了趣味，没有了快乐。在真正的球迷看来，过程比目的要紧。

不久前意大利的世界杯赛，由于时差关系，很多场球我们只能看录像，那时胜败已定，但球迷们都避免先知道结果，并向知道了结果的人发出警告：不许说！因为令他们着迷的是过程，他们要在前途未卜的过程中享受激情，享受惊险，享受渴望，享受悲欢。

我还知道一些更高明的球迷，甚至不怕知道结果；无论结果如何，丝毫不影响他们的兴致，只要那过程是充满艰险和激情的，不管辉煌的还是悲壮的，他们依然会如醉如痴地沉入在美的享受之中。问他们：谁赢了？他们可能会告诉你，但也可能他们记不清了，不过他们肯定能告诉你最好的球队是哪个，最好的球星是谁。如果他们告诉你得亚军的那个队实际上是最乏味的一个队，你用不着吃惊，因为他们是以过程来做判断的。

其实什么事都是这样。小说是这样，小说要是只写最后谁死了谁还活着，那就像人口普查了，没人爱看。科学怎么样？如果没有坎坷而欢欣的过程，人类想办到什么就办到了什么，人就差不多又要去当那个漫长的傻瓜了。生活也是，一场球赛九十分钟，一场生活就算它九十年，区别无非时间的长短罢了。上帝给人们设置了很多障碍，为的是展开一个过程，于是才能有趣味有快乐。

M：照此说来，生活是无需乎目的了？

S：不行，目的还非得有不可。如果都不想赢球，这场球还怎么踢下去呢？就像人活着没有理想，人可往哪儿走呢？没有了目的，过程一样没法展开。目的和理想的设置，我想，原就是为了引导出一个过程。我想，一个最最美好的理想或目的不如就让它处在那个望眼欲穿的位置上吧，这样才永远都有个奔头，创造着，欣赏着，乐此不疲。

M：但是你终于得到了什么呢？你总得能得到什么呀？总就是过程、过程、过程，总也达不到目的，你不觉得有点儿荒诞吗？

S：你得到了一个快乐的过程。就像一场球赛，你无论是输了还是赢了，只要你看重的是过程，你满怀激情地参与过程，生龙活虎不屈不挠地投入了过程，你在这过程的每一分钟里就都是快乐的。我发现这是划算的，胜负毕竟太短暂，过程却很长久，你干吗不去取得那长久的快乐呢？

况且胜利常常与上帝的情绪有关，上帝要是决心不喜欢你（比如说让你瘫痪了等等），你再怎么抗议也是白搭。但是，上帝神通再大也无法阻止你获取过程的欢乐。所以不如把那没有保证的胜利交给上帝去过瘾，咱们只用那靠得住的过程来陶醉。

M：嗯，有道理。我发现你确实不是傻瓜。

S：多谢多谢，我很喜欢你经常发现这一点。

M：我有时候也这么想，真的，人最终究竟能得到什么呢？未知是无限的，人类的希望无穷无尽，于是认识就永远没有个完，永远不会到达终点，一个阶段的结束不过是又一个阶段的开始。也许你说对了，人要是不能从过程中体味幸福和欢乐，生命就成了场荒诞的苦役，死就一直具有诱惑力。

S：这么聪明的话，我希望你还是留给我说。我要说什么来着？哦，对了——所以过程就是目的。我想给你念一段一个残疾朋友写给我的话：

"事实上你唯一具有的就是过程。一个只想（只想！）使过程精彩的人是无法被剥夺的，因为死神也无法将一个精彩的过程变成不精彩的过程，因为坏运也无法阻挡你去创造一个精彩的过程，相反你可以把死亡也变成一个精彩的过程，相反坏运更利于你去创造精彩的过程。于是绝境溃败了，它必然溃败。你立于目的的绝境却实现着、欣赏着、饱尝着过程的精彩，你便把绝境送上了绝境。梦想使你迷醉，距离就成了欢乐；追求使你充实，失败和成功都是伴奏；当生命以美的形式证明其价值的时候，幸福是享受，痛苦也是享受。现在你说你是一个幸福的人你想你会说得多么自信，现在你对一切神灵鬼怪说谢谢你们给我的好运，你看看谁还能说不。"

M：嗯，这个人很能说。

但是意义呢？价值呢？目的要是不重要，为什么还有高尚和卑下之分呢？

S：道德的最高尚的原则，我想，就是使最多的人最大程度地获得自由、幸福、快乐的生命过程。只有更为高尚的目的才能引导出更为自由、更为幸福、更为快乐的过程。我看这用不着担心。如果为了展开过程我们需要设置目的，那么为了展开更为自由、幸福、快乐的过程，我们明显需要设置更为高尚的目的。你没想到再表扬我两句吗？

M：等你不止是说，而是去做的时候吧。

S：那我就听不到了。

M：为什么？

S：这件事在死之前是做不完的。

思考与练习

一、史铁生是怎么看待"生"与"死"的？

二、谈谈你对"着什么急？早晚会死的"这句话的理解。

三、你曾经遇到过挫折吗，你是怎么对待它的？

四、读读记记

    1.时间顺流而下，生活逆水行舟。　　　　　　——【中国】艾青

    2.应该笑着面对生活，不管一切如何。　　　　——【捷克】伏契克

◆ 第四单元 夕阳之歌 ◆

20 归田赋①

张 衡

• 课文导读 •

《归田赋》是东汉辞赋家张衡从仕途转向退隐时所作的一篇抒情小赋，寥寥数笔形象地勾勒出田园山林和谐欢快、神和气清的景色，反映了作者畅游山林、悠闲自得的心情，又颇含自诫之意，表达了作者的超脱精神。

文章语言清新明丽，工致典雅，结构短小灵活，把诗人的心境、情绪融入到景物之中，以议论、用典、双关、铺叙等手法述志、抒情。写景状物细腻形象，铺叙议论意蕴深厚，《归田赋》作为迄今最成功的抒情小赋，在赋体文学史上占有重要地位。

游都邑以永久②，无明略以佐时③。徒临川以羡鱼④，俟河清乎未期⑤。感

---

① 选自《张衡诗文选译》（凤凰出版社2011年版）。张衡（78—139），河南南阳西鄂（今河南省南阳市）人，东汉文学家、科学家，字平子。曾在京师洛阳就读于太学，后两度担任掌管天文的太史令，曾任侍中、河间相等职。精通天文历算，创制了世界上最早利用水力转动的浑象（即浑天仪）和测定地震的地动仪，首次解释了月食的成因。善作文，尤善辞赋，作品以《二京赋》最为著名，明人张溥编有《张河间集》。
② 【游都邑以永久】久滞留于京都。都邑，指东汉京都洛阳。永，长。久，滞。
③ 【明略】明智的谋略。这句意思说自己无明略以匡佐君主。
④ 【徒临川以羡鱼】《淮南子·说林训》曰："临川流而羡鱼，不如归家织网。"用典表明自己空有佐时的愿望。徒，空，徒然。羡，愿。
⑤ 【俟（sì）河清乎未期】等待政治清明未可预期。俟，等待。河清，黄河水清，古人认为这是政治清明的标志。

蔡子之慷慨①，从唐生以决疑②。谅天道之微昧③，追渔父以同嬉④。超埃尘以遐逝⑤，与世事乎长辞⑥。

于是仲春令月⑦，时和气清。原隰郁茂⑧，百草滋荣。王雎鼓翼⑨，鸧鹒哀鸣⑩。交颈颉颃⑪，关关嘤嘤。于焉逍遥⑫，聊以娱情。

尔乃龙吟方泽，虎啸山丘⑬。仰飞纤缴⑭，俯钓长流。触矢而毙，贪饵吞钩。落云间之逸禽⑮，悬渊沉之鲨鰡⑯。

于时曜灵俄景⑰，系以望舒⑱。极般游之至乐⑲，虽日夕而忘劬⑳。感老

---

① 【感蔡子之慷慨】蔡子，指战国时燕人蔡泽，《史记》卷七九有传。慷慨，壮士不得志于心。
② 【从唐生以决疑】唐生，即唐举，战国时梁人。决疑，请人看相以决对前途命运的疑惑。蔡泽游学诸侯，未发迹时，曾请唐举看相，后入秦，代范雎为秦相。
③ 【谅天道之微昧（mèi）】谅，确实。微昧，幽隐，不明，模糊不清。
④ 【追渔父以同嬉】渔父，宋洪兴祖《楚辞补注》引王逸《渔父章句序》："渔父避世隐身，钓鱼江滨，欣然而乐。"嬉，乐。此句表明自己将像渔父一样纵情于川泽。
⑤ 【超埃尘以遐逝】超埃尘，即游乎尘埃之外。埃尘，比喻纷浊的事务。遐逝，远去。
⑥ 【长辞】永别。由于政治昏乱、世路艰难，自己与时代不合，产生了归田隐居的念头。
⑦ 【仲春令月】春季的第二个月，即农历二月。令月，美好的月份。令，善。
⑧ 【原隰（xí）郁茂】原，宽阔平坦之地。隰，低湿之地。郁茂，草木繁盛。
⑨ 【王雎（jū）】鸟名，即雎鸠。
⑩ 【鸧鹒（cāng gēng）】鸟名，即黄鹂。
⑪ 【颉颃（xié háng）】鸟上下飞。
⑫ 【于焉逍遥】于焉，于是乎。逍遥，安闲自得。
⑬ 【尔乃龙吟方泽】尔乃，于是。方泽，大泽。这两句言自己从容吟啸于山泽间，类乎龙虎。
⑭ 【纤缴（zhuó）】指箭。纤，细。缴，射鸟时系在箭上的丝绳。
⑮ 【逸禽】云间高飞的鸟。
⑯ 【鲨鰡（shā liú）】一种小鱼，常伏在水底沙上。
⑰ 【于时曜（yào）灵俄景】曜灵，日。俄，斜。景，同"影"。
⑱ 【系以望舒】系，继。望舒，神话传说中为月亮驾车的仙人，这里代指月亮。
⑲ 【般（pán）游】游乐。般，乐。
⑳ 【虽日夕而忘劬（qú）】虽，虽然。劬，劳苦。

氏之遗戒①，将回驾乎蓬庐。弹五弦之妙指②，咏周孔之图书③。挥翰墨以奋藻④，陈三皇之轨模⑤。苟纵心于物外，安知荣辱之所如⑥？

思考与练习

一、下列语句中的加点字，解释不正确的一项是（　　　）

  A. 无明略以佐时（佐：匡扶）　　B. 俟河清乎未期（俟：依靠）

  C. 尔乃龙吟方泽（方：大的）　　D. 虽日夕而忘劬（劬：劳苦）

二、下面六句话中，全部能表现"归田之乐"的一组是（　　　）

  ①超埃尘以遐逝，与世事乎长辞　　②原隰郁茂，百草滋荣

  ③仰飞纤缴，俯钓长流　　④极般游之至乐，虽日夕而忘劬

  ⑤弹五弦之妙指，咏周孔之图书　　⑥苟纵心于物外，安知荣辱之所如

  A. ②③⑤　　B. ①②⑤　　C. ③④⑥　　D. ①④⑥

---

① 【感老氏之遗戒】指《老子》十二章："驰骋田猎，令人心发狂。"
② 【弹五弦之妙指】五弦，五弦琴。指，通"旨"。
③ 【周孔之图书】周公、孔子著述的典籍。此句写其读书自娱。
④ 【挥翰墨以奋藻】翰，毛笔。藻，辞藻。此句写其挥翰怡情。
⑤ 【陈三皇之轨模】陈，陈述。轨模，法则。
⑥ 【如】往，到。以上两句写自己纵情物外，脱略形迹，不在乎荣辱得失所带来的结果。

三、下列对文章内容的分析，不正确的一项是（　　）

A.开篇交代了归隐的真正原因是在京都做官时间已久，没有高明的谋略辅佐君王。

B."交颈颉颃""关关嘤嘤"，形象地描绘了田园山林那种和谐欢快、神和气清的景色。

C."触矢而毙，贪饵吞钩"，既反映了作者野外捕获猎物的悠闲之情，又颇含自诫之意。

D.这篇赋虽然篇章短小精悍，却准确地表现了张衡在仕途遇到挫折后归隐田园之志。

四、把下面语句翻译成现代汉语

（1）于是仲春令月，时和气清。原隰郁茂，百草滋荣。

（2）苟纵心于物外，安知荣辱之所如？

五、归隐是道家遁世的一种方式，为读书人开创了一个新的精神家园，请从儒家伦理角度解读归田是否是作者真正的理想。

六、读读记记

1.非淡泊无以明志，非宁静无以致远。　　——【中国】三国·诸葛亮

2.我从不把安逸和快乐看作生活的本身，这种伦理基础，我叫它猪栏的理想。

——【美国】爱因斯坦

基础写作练习：议论文

议论文，又称说理文，是一种剖析事物，论述事理，发表意见，提出主张的文体。

该文体以议论为主要表达方式，通过摆事实、讲道理，表达作者的观点和主张。议论文应该观点明确、论据充分、语言精炼、论证合理、有严密的逻辑性。

写作指导

议论文的三大要素为论点、论据、论证。

一、论点

论点是作者对所论述的问题提出的主张、看法和表示的态度，即文章中加以阐述和证明的基本观点。

论点是议论文的中心，起着核心和统帅的作用，决定着选择什么样的材料作论据，也决定着用什么样的方法来论证。因此，确立论点是写作议论文的前提和基础。

（一）要求

（1）正确性：论点的说服力根植于对客观事物的正确反映，而这又取决于作者的立场、观点、态度、方法是否正确，如果论点本身不正确，甚至是荒谬的，再怎么论证也不能说服人。因此，论点正确是议论文的最起码的要求。

（2）鲜明性：就是文章确立的论点应表现出明确的思想倾向性，即对要阐述的事物应该直接地表明作者的认识和态度，赞成什么、反对什么、肯定什么、否定什么，旗帜鲜明，毫不含糊。

（3）新颖性：论点应该尽可能新颖、深刻，能超出他人的见解，不是重复他人的老生常谈，也不是无关痛痒、流于一般的泛泛而谈，应该尽可能独特、新颖。

（二）位置

一般来说，论点的位置大致有以下三种。

（1）开山见山，在文章的开头直接摆出论点。这种方法的好处是直截了当，开宗明义，行文伊始论点就处于显豁的位置，鲜明突出，使读者一目了然。

（2）卒章显志，在文章的结尾自然地点明论点。这种先说理论证，直到文章结束时才亮出论点的方法，给人一种瓜熟蒂落、水到渠成的感觉，显得十分自然。

（3）中间开花，即论点在文章中间出现。一般写法是文章开头提出论题，接着展开论证，在论证的过程中提出论点，然后再围绕论点进行论证，最后得出结论。这种中间摆出论点的方法，使行文显得有变化。立论与驳论结合的文章常采用这种方法。

二、论据

（一）类型

论据可分为事实论据和理论论据。

事实论据可以是古今中外、历史或现实的人物、事件，也可以是作者亲身的经历，还可以是统计的数据，等等。作为事实论据必须是确凿的，具有普遍意义。

理论论据包括名人名言、警句格言、俗语谚语、公式定律等。作为理论论据，必须是人们公认的真理，是科学的，引用时应该准确无误，不能断章取义、曲解附会。

（二）要求

（1）选择论据要充实、新颖，具有时代特征。

（2）论据的语言可以具体，可以概括；可以直接引用，可以间接引用。

（3）论据必须与论点保持一致。论据的选择必须服从于论点的指向。一个论据，尤其是事实论据，选择的角度不同，往往可以证明多个论点。关键是使用时有所取舍，恰当剪裁。论据只有与论点保持逻辑上的一致，才能真正起到证明论点的作用。

三、论证

论证方法有以下几种。

（1）举例论证：列举确凿、充分、有代表性的事例证明论点。

（2）对比论证：拿正反两方面的论点或论据作对比，在对比中证明论点。

（3）比喻论证：用人们熟知的事物作比喻来证明论点。可以使文章浅显易懂，易于理解和接受。

（4）引用论证：可以引用名人名言、格言警句、权威数据、名人轶事、奇闻趣事等。引用名人名言、格言警句、权威数据，可以增强论证的说服力和权威性；引用名人轶事、奇闻趣事，可以增强论证的趣味性。

（5）归纳论证：通过列举具体事例论证一般结论。

（6）演绎论证：根据一般原理或结论来论证个别事例。即用普遍性的论据来证明特殊性的论点。

（7）类比论证：是从已知的事物中推出同类事例，即从特殊到特殊。

（8）因果论证：通过分析事理、揭示论点和论据之间的因果关系来证明论点。因果论证可以用因证果，或以果证因，还可以因果互证。

【例文】

谈骨气[①]

吴 晗

我们中国人是有骨气的。

战国时代的孟子，有几句很好的话："富贵不能淫，贫贱不能移，威武不能屈，此之谓大丈夫。"意思是说，高官厚禄收买不了，贫穷困苦折磨不了，强暴武力威胁不了，这就是所谓大丈夫。大丈夫的这种种行为，表现出了英雄气概，我们今天就叫作有骨气。

我国经过了奴隶社会、封建社会的漫长时期，每个时代都有很多这样有骨气的人，我们就是这些有骨气人的子孙，我们是有着优良革命传统的民族。

当然，社会不同，阶级不同，骨气的具体含义也不同。这一点必须认识清楚。但是，就坚定不移地为当时的进步事业服务这一原则来说，我们祖先的许多有骨气的动人事迹，还是有它积极的教育意义，是值得我们学习的。

南宋末年，首都临安被元军攻入，丞相文天祥组织武装力量坚决抵抗，失败被俘后，元朝劝他投降，他写了一首诗，其中有两句是："人生自古谁无死，留取丹心照汗青。"意思是人总是要死的，就看怎样死法，是屈辱而死呢，还是为民族利益而死？他选取了后者，要把这片忠心记录在历史上。文天祥被拘囚在北京一个阴湿的地牢里，受尽了折磨，元朝多次派人劝他，只要投降，便可以做大官，但他坚决拒绝，终于在公元1282年被杀害了。

孟子说的几句话，在文天祥身上都表现出来了。他写的有名的《正气歌》，歌颂了古代有骨气的人的英雄气概，并且以自己的生命来抗拒压迫，号召人民继续起来反抗。

[①] 选自《爱国：时代精神的最强音》（南方日报出版社2016年版）。吴晗（1909—1969），原名吴春晗，字伯辰，浙江义乌人，著名历史学家、社会活动家，现代明史研究的开拓者和奠基者之一。主要作品有《朱元璋传》《明史简述》《读史札记》《历史的镜子》等。

另一个故事是古代有一个穷人,饿得快死了,有人丢给他一碗饭,说:"嗟,来食!""喂,来吃!"饿人拒绝了"嗟来"的施舍,不吃这碗饭,后来就饿死了。不食嗟来之食这个故事很有名,传说了千百年,是有积极意义的。那人摆着一副慈善家的面孔,吆喝一声:"喂,来吃!"这个味道是不好受的,吃了这碗饭,第二步怎样呢?显然,他不会白白施舍,吃他的饭就要替他办事。那位饿人是有骨气的:看你那副脸孔、那个神气,宁可饿死,也不吃你的饭。

不食嗟来之食,表现了中国人民的骨气。

还有个例子。民主战士闻一多是在 1946 年 7 月 15 日被国民党枪杀的。在这之前,朋友们得到要暗杀他的消息,劝告他暂时隐蔽,他毫不在乎,照常工作,而且更加努力。明知敌人要杀他,在被害前还大声疾呼,痛斥国民党特务,指出他们的日子不会很长久了,人民民主一定得到胜利。毛主席在《别了,司徒雷登》一文中指出:"许多曾经是自由主义者或民主个人主义者的人们,在美国帝国主义者及其走狗国民党反动派面前站起来了。闻一多拍案而起,横眉怒对国民党的手枪,宁可倒下去,不愿屈服。"高度赞扬他表现了我们民族的英雄气概。

孟子的这些话,虽然是在 2000 多年以前说的,但直到现在,还有它积极的意义。当然我们无产阶级有自己的英雄气概,有自己的骨气,这就是决不向任何困难低头,压不扁,折不弯,顶得住,吓不倒,为了社会主义、共产主义建设的胜利,我们一定能够克服任何困难,奋勇前进!

点评:

文章开篇点题,开头就写明中心论点。然后以孟子的名言"富贵不能淫,贫贱不能移,威武不能屈"为引,以三个典型史实为论据,分别明确阐释了什么叫作"有骨气",怎样做方可称之为"有骨气",进而充分论证文章的中心论点——我们中国人是有骨气的。结尾又进行了总结、概括,使得整篇文章结构完整、逻辑严密、说理充分。

训练设计

根据下列要求写一篇议论文。

题目：要珍惜_____（如时间、青春、亲情等）

要求：

  1. 选择合适的论据。

  2. 运用恰当的论证方法。

  3. 不少于 800 字。

第五单元

成功之路

单元导语

  漫漫人生旅途，如何笑对人生起落，创造属于自己的辉煌明天，是我们每个人都关心的话题。

  本单元选文，《傅雷家书》《走向社会》是来自父亲语重心长的叮咛，《要有成功的信念》让我们品尝到了成功大师的心灵鸡汤，《失败了以后》《我的信念》则分别传递着文学大师和科学巨匠对于成功的独特理解。这些人生赠言饱含深情，充满智慧，让人回味无穷。让我们认真研读这些文章，用心品味名家教诲，感悟人生真谛。

  本单元综合实践活动为模拟应聘，让即将走向工作岗位的同学通过参加应聘面试的实训，掌握应聘面试的方法和技巧。

21 我的信念①

【法国】居里夫人

·课文导读·

爱因斯坦在《悼念玛丽·居里》一文中说："我幸运地同居里夫人有20年崇高而真挚的友谊。我对她的人格的伟大越来越感到钦佩。""她一生中最伟大的科学功绩——证明放射性元素的存在并把它们分离出来——所以能取得，不仅是靠着大胆的直觉，而且也靠着在难以想象的极端困难情况下工作的热忱和顽强，这样的困难在实验科学的历史中是罕见的。"阅读《我的信念》，就是阅读居里夫人的灵魂，可以了解她那伟大的人格来自怎样伟大的心灵。

居里夫人认为对待生活应有哪两种态度？从文中可以看出，科学家应该具有怎样的品质？

生活对于任何一个男女都非易事，我们必须有坚韧不拔的精神。最要紧的，还是我们自己要有信心。我们必须相信，我们对一件事情是有天赋的才能，并且，无论付出任何代价，都要把这件事情完成。当事情结束的时候，你要

---

① 选自《现代人的智慧》（科学普及出版社1999年版）。居里夫人（玛丽·居里）（1867—1934），法国物理学家、化学家，原籍波兰，生于波兰华沙。1895年与皮埃尔·居里结婚。他们共同就贝可勒尔在当时首先发现的放射性现象进行研究，先后发现镭和钋两种天然放射性元素。1906年，皮埃尔·居里逝世后，她继续研究放射性，获得成就，推动了原子核科学的发展。因对放射性现象的研究工作，居里夫人、贝可勒尔共获1903年诺贝尔物理奖，后又获1911年诺贝尔化学奖，从而成为科学史上一位富有传奇色彩的伟大科学家。

能够问心无愧地说:"我已经尽我所能了。"

有一年的春天里,我因病被迫在家里休息数周,我注视着我的女儿们所养的蚕结着茧子,这使我极感兴趣。望着这些蚕固执地、勤奋地工作着,我感到我和它们非常相似。像它们一样,我总是耐心地集中在一个目标上。我之所以如此,或许是因为有某种力量在鞭策着我——正如蚕被鞭策着去结它的茧子一般。

在近五十年来,我致力于科学的研究,而研究基本是对真理的探讨。我有许多美好快乐的回忆。少女时期我在巴黎大学,孤独地过着求学的岁月。在那整个时期中,我丈夫和我专心致志地,像在梦幻之中一般,难辛地在简陋的书房里研究,后来我们就在那儿发现了镭①。

我在生活中,永远是追求安静的工作和简单的家庭生活。为了实现这个理想,所以后来我要竭力保持宁静的环境,以免受人事的侵扰和盛名的喧扰。

我深信在科学方面,我们是有对事业而不是对人的兴趣。当皮埃尔·居里和我考虑应否在我们的发现上取得经济上的利益时,我们都认为这违反我们的纯粹研究观念,因而我们没有申请镭的专利,也就抛弃了一笔财富。我坚信我们是对的。诚然,人类需要寻求现实的人,他们在工作中获得最大的报酬。但是,人类也需要梦想家——他们对于一件忘我的事业的进展受了强烈的吸引,使他们没有闲暇,也无热

居里夫人雕塑

---

① 【镭】一种化学元素,是一种银白色的碱土金属。镭能放射出 α 和 γ 两种射线,并生成放射性气体氡。镭放出的射线能破坏、杀死细胞和细菌,因此常用来治疗癌症等。此外,镭盐与铍粉的混合制剂,可作中子放射源,用来探测石油资源、岩石组成等。是原子弹的材料之一。

诚去谋求物质上的利益。我的唯一奢望,是在一个自由国家中,以一个自由学者的身份从事研究工作。我从没有视这种权益为理所当然的,因为在24岁以前,我一直居住在被占领和蹂躏的波兰。我估量过在法国得到自由的代价。

我并非生来就是一个性情温和的人。我很早就知道,许多像我一样敏感的人,即使受一言半语的呵责,便会过分懊恼,他们尽量隐藏自己的敏感。从我丈夫的温和沉静的性格中,我获益匪浅。当他猝然长逝以后,我便学会了逆来顺受。我年纪渐老了,我愈会欣赏生活中的种种琐事,如栽花、植树、建筑,对诵诗和眺望星辰,也有一点兴趣。

我一直沉醉于世界的优美之中,我所热爱的科学,也不断增加它崭新的远景。我认定科学本身就具有伟大的美。一位从事研究工作的科学家,不仅是一个技术人员,而且他是一个小孩,在大自然的景色中,好像迷醉于神话故事一般。这种魅力,就是使我终生能够在实验室里埋头工作的主要因素了。

思考与练习

一、朗读全文,把握文意,然后回答下边的问题

1. 作者认为"人类也需要梦想家","梦想家"最基本的特征是什么?从哪一件事可以看出作者就是这样的"梦想家"?对此你有什么感想?

2. 为什么作者说,科学家也应当是"一个小孩"?这反映作者怎样的心态?

3. "当他猝然长逝以后,我便学会了逆来顺受。我年纪渐老了,我愈会欣赏生活中的种种琐事,如栽花、植树、建筑,对诵诗和眺望星辰,也有一点兴趣。"对这句话你如何理解?

二、课文中有些话可以视为格言或警句,选一些抄在笔记本上,写上一点体会更好。

三、课外阅读艾芙·居里的《居里夫人传》,并搜集与居里夫人一样伟大的科学家的资料,进行梳理后,存入自己的学习材料库。

四、读读记记

1. 我成功是因为我有决心,从不踌躇。　　　　　　　——【法国】拿破仑

2. 倘若A代表人生的成功,那么公式是:A=X+Y+Z。X是工作,Y是游戏,Z是保持缄默。　　　　　　　　　　　　　　　　　　　　——【美国】爱因斯坦

22　傅雷家书①（节选）

傅　雷

· 课文导读 ·

《傅雷家书》系傅雷夫妇与儿子傅聪的精神接触和思想交流实录，是家人之间性情中的文字，真实生动，真挚感人。家书贯穿了1954—1966年傅雷夫妇最后的生命历程，记录了傅聪由钢琴学童成为世界级钢琴家的学习过程，再现了傅氏兄弟成长的家教背景。家书中的家教家风，显现的底色是东西方文化的融合，底线是"先做人"。傅雷认为："教育当以人格教育为主，知识其次。孩子品德高尚，为人正直；学问欠缺一些没有关系。"

《傅雷家书》是素质教育的经典范本，洋溢着深刻、厚重、绵密的父母之爱，课后可以阅读全书，认真加以体会。

一九五四年十月二日

聪，亲爱的孩子。收到九月二十二日晚发的第六信，很高兴。我们并没为你前信感到什么烦恼或是不安。我在第八信中还对你预告，这种精神消沉的情形，以后还是会有的。我是过来人，决不至于大惊小怪。你也不必为此担心，更不必硬压在肚里不告诉我们。心中的苦闷不在家信中发泄，又哪里去发泄呢？孩子不向父母诉苦向谁诉呢？我们不来安慰你，又该谁来安慰你

---

① 选自《傅雷家书》（译林出版社2016年版）。傅雷（1908—1966），生于江苏省南汇县（今上海市浦东新区），著名的翻译家、教育家、文艺评论家。一生译著宏富，翻译了大量法文作品，其中包括巴尔扎克、罗曼·罗兰、伏尔泰等名家著作。

呢?人一辈子都在高潮低潮中浮沉,唯有庸碌的人,生活才如死水一般;或者要有极高的修养,方能廓然无累①,真正地解脱。只要高潮不过分使你紧张,低潮不过分使你颓废,就好了。太阳太强烈,会把五谷晒焦;雨水太猛,也会淹死庄稼。我们只求心理相当平衡,不至于受伤而已。你也不是栽了筋斗爬不起来的人。我预料国外这几年,对你整个的人也有很大的帮助。这次来信所说的痛苦,我都理会得;我很同情,我愿意尽量安慰你、鼓励你。克利斯朵夫不是经过多少回这种情形吗?他不是一切艺术家的缩影与结晶吗?

慢慢地你会养成另外一种心情对付过去的事:就是能够想到而不再惊心动魄,能够从客观的立场分析前因后果,做将来的借鉴,以免重蹈覆辙。一个人唯有敢于正视现实,正视错误,理智分析,彻底感悟,终不至于被回忆侵蚀。我相信你逐渐会学会这一套,越来越坚强的。我以前在信中和你提过

傅雷雕塑

感情的 ruin【创伤,覆灭】就是要你把这些事当作心灵的灰烬看,看的时候当然不免感触万端,但不要刻骨铭心地伤害自己,而要像对着古战场一般的存着凭吊的心怀。倘若你认为这些话是对的,对你有些启发作用,那么将来在遇到因回忆而痛苦的时候(那一定免不了会再来的),拿出这封信来重读几遍。

说到音乐的内容,非大家指导见不到高天厚地的话,我也有另外的感触,

---

① 【廓(kuò)然无累】空旷广阔,没有一点牵挂。

就是学生本人先要具备条件：心中没有的人，再经名师指点也是枉然的。
一九五六年二月二十九日

亲爱的孩子：昨天整理你的信，又有些感想。

关于莫扎特①的话，例如说他天真、可爱、清新等等，似乎很多人懂得，但弹起来还是没有那天真、可爱、清新的味儿。这道理，我觉得是"理性认识"与"感情深入"的分别。感性认识固然是初步印象，是大概的认识；理性认识是深入一步，了解到本质。但是艺术的领会，还不能以此为限。必须再深入进去，把理性所认识的，用心灵去体会，才能使原作者的悲欢喜怒化为你自己的悲欢喜怒，使原作者每一根神经的震颤都在你的神经上引起反响。否则即使道理说了一大堆，仍然是隔了一层。一般艺术家的偏于 intellectual【理智】，偏于 cold【冷静】，就因为他们停留在理性认识的阶段上。

比如你自己，过去你未尝不知道莫扎特的特色，但你对他并没发生真正的共鸣；感之不深，自然爱之不切了；爱之不切，弹出来当然也不够味儿；而越是不够味儿，越是引不起你兴趣。如此循环下去，你对一个作家当然无从深入。

这一回可不然，你的确和莫扎特起了共鸣，你的脉搏跟他的脉搏一致了，你的心跳和他的同一节奏了；你活在他的身上，他也活在你身上；你自己与他的共同点被你找出来了，抓住了，所以你才会这样欣赏他，理解他。

由此得到一个结论：艺术不但不能限于感性认识，还不能限于理性认识，必须要进行第三步的感情深入。换言之，艺术家最需要的，除理智以外，还有一个"爱"字！所谓赤子之心，不但指纯洁无邪，指清新，而且还指爱！法文里有句话叫作"伟大的心"，意思就是"爱"。这"伟大的心"几个字，

---

① 【莫扎特】出生于神圣罗马帝国时期的萨尔兹堡，欧洲古典主义音乐作曲家。他谱出的协奏曲、交响曲、奏鸣曲、小夜曲、嬉游曲后来成为古典音乐的主要形式。

真有意义。而且这个爱绝不是庸俗的，婆婆妈妈的感情，而是热烈的、真诚的、洁白的、高尚的、如火如荼的、忘我的爱。

从这个理论出发，许多人弹不好东西的原因都可以明白了。光有理性而没有感情，固然不能表达音乐；有了一般的感情而不是那种火热的同时又是高尚、精练的感情，还是要流于庸俗；所谓 sentimental【滥情，伤感】，我觉得就是指这种庸俗的感情。

一切伟大的艺术家（不论是作曲家，是文学家，是画家……）必然兼有独特的个性与普遍的人间性。我们只要能发掘自己心中的人间性，就找到了与艺术家沟通的桥梁。再若能细心揣摩，把他独特的个性也体味出来，那就能把一件艺术品整个儿了解了。当然不可能和原作者的理解与感受完全一样，了解的多少、深浅、广狭，还是大有出入；而我们自己的个性也在中间发生不小的作用。

大多数从事艺术的人，缺少真诚。因为不够真诚，一切都在嘴里随便说说，当作唬人的幌子，装自己的门面，实际只是拾人牙慧，并非真有所感。所以他们对作家决不能深入体会，先是对自己就没有深入分析过。这个意思，克利斯朵夫（在第二册内）也好像说过的。

真诚是第一把艺术的钥匙。知之为知之，不知为不知。真诚的"不懂"，比不真诚的"懂"，还叫人好受些。最可厌的莫如自以为是，自作解人。有了真诚，才会有虚心；有了虚心，才肯丢开自己去了解别人，也才能放下虚伪的自尊心去了解自己。建筑在了解自己了解别人上面的爱，才不是盲目的爱。

而真诚是需要长时期从小培养的。社会上，家庭里，太多的教训使我们不敢真诚，真诚是需要很大的勇气作后盾的。所以做艺术家先要学做人。艺术家一定要比别人更真诚、更敏感、更虚心、更勇敢、更坚忍，总而言之，要比任何人都 lessimperfect【较少不完美之处】！

好像世界上公认有个现象：一个音乐家（指演奏家）大多只能限于演奏

某几个作曲家的作品。其实这种人只能称为演奏家而不是艺术家。因为他们的胸襟不够宽广，容受不了广大的艺术天地，接受不了变化无穷的形与色。假如一个人能永远开垦自己心中的园地，了解任何艺术品都不应该有问题的。

有件小事要和你谈谈。你写信封为什么老是这么不 neat【干净】？日常琐事要做得 neat，等于弹琴要讲究干净是一样的。我始终认为做人的作风应当是一致的，否则就是不调和；而从事艺术的人应当最恨不调和。我这回附上一小方纸，还比你用的信封小一些，照样能写得很宽绰。你能不能注意一下呢？以此类推，一切小事养成这种 neat 的习惯，对你的艺术无形中也有好处。因为无论如何细小不足道的事，都反映出一个人的意识与性情。修改小习惯，就等于修改自己的意识与性情。所谓学习，不一定限于书本或是某种技术；否则"随时随地都该学习"这句话，又怎么讲呢？我想你每次接到我的信，连寄书谱的大包，总该有个印象，觉得我的字都写得整整齐齐、清楚明白吧！

思考与练习

一、从下面选用两个或两个以上的词语，写一段连贯的话

　　浮沉　　解脱　　平衡　　廓然无累

二、阅读课文，思考问题

　1. 文中"太阳太强烈，会把五谷晒焦；雨水太猛，也会淹死庄稼"这句话有什么作用？

　2. "人一辈子都在高潮低潮中浮沉，唯有庸碌的人，生活才如死水一般；或者要有极高的修养，方能廓然无累，真正地解脱。"这句话的意思是什么？说说你的理解。

3. 本文是洋溢着父子深情的家书，耐人寻味，深切感人。和一般的讲道理的文章比较，本文的语言有什么特点？

三、下列对第二封信有关内容的理解，正确的一项是（　　）

A. 作者写这封信的目的，是为了表扬儿子在音乐上的进步。

B. 这封信中对艺术家的讨论，不仅适用于音乐，而且适用于文学、绘画等。

C. 作者认为"艺术家最需要的，除理智以外，还有一个'爱'字"！意味着我们欣赏一个艺术家时，首先得喜欢上他。

D. 由这封信可以看出，要完全了解一个艺术家的作品中蕴含的感情，就必须结合自己的情感与经验，只有这样才能找出两者的共性。

四、讨论

1. 学生本人先要具备条件：心中没有的人，再经名师指点也是枉然的。你同意作者的看法吗？为什么？

2. 调查表明，中国父母对子女讲得最多的三句话是：听话，好好学习，没出息。这三句话完全可以涵盖中国父母望子成龙的急切心理。这种期待虽然无可厚非，但这三句话不断重复达到的教育效果却是极其片面的，是停留在落后于时代精神的低层面上的。

请就这三句话中的某一句在教育中的负面影响，谈谈你的认识。

五、读读记记

1. 只有把抱怨环境的心情，化为上进的力量，才是成功的保证。

——【法国】罗曼·罗兰

2. 只要朝着阳光，便不会看见阴影。

——【美国】海伦·凯勒

23 失败了以后[①]

林语堂

•课文导读•

在人生态度上，林语堂所欣赏的是一种"闲适的生活"，提倡"悠闲的情绪""快乐的哲学"。这在他最有影响的代表作《生活的艺术》中体现得尤为明显。但是，林语堂的思想包括他的人生观是复杂的，他在心目中欣赏着"闲适"、艺术的生活方式，而现实生活中却不倦地钻研学术、勤奋地著书笔耕。他在生活中的这种积极进取的人生态度，在《失败了以后》一文中得到充分体现。

有很多的人要是没有大难临头往往不会发挥出其真实力量。除非遭着失望之悲哀，丧家之痛苦，及其他种种创痛的不幸事实，足以打动他的生命核仁，他们内在的隐力，是不会唤起动作的。

测验一个人的品格，最好是在他失败的时候，失败了以后，他要怎样呢？

失败会唤起他的更多的勇气吗？失败能使他发挥出更大的努力吗？失败能使他发现新力量，唤出潜在力吗？失败了以后，是决心加倍的坚强呢？还是就此心灰意冷？

爱马孙（Emerson）说："伟大，高贵人物的最明显的标志，就是他的坚韧的意志；不管环境变换到何种地步，他的初衷与希望，仍不会有丝毫的

[①] 选自《励志·人生》（远方出版社2005年版）。林语堂（1895—1976），福建龙溪人，现代著名作家、学者、翻译家、语言学家，主要作品有《京华烟云》《啼笑皆非》《人生的盛宴》《生活的艺术》等。

改变，而终至克胜阻碍，以达到企望的目的。"

倾跌了以后，立刻站立起来，而去向失败中战取胜利，这是从古以来伟大人物的成功秘诀。

有人问一小孩子，怎样他竟得学会溜冰。小孩的回答是："其方法就在每次跌跤后，立刻就爬起来！"使得个人的成功，或军队胜利的，实际上也是由于这种精神。倾跌算不得失败，倾跌后而站立不起来，才是失败。

过去生命之对于你，恐怕是一部创巨痛深的伤心史吧！在检阅着过去的一切时，你会觉得你自己处处失败,碌碌无成吧！你热烈地期待着成就的事业，竟不会成就；你所亲爱的亲戚朋友，甚至会离弃你吧！你曾失掉职位，甚至会因不能维持家庭之故，而失掉你的家庭吧！你的前途，似乎是十分惨暗吧！然而虽有上面的种种不幸，只要你是不甘永远屈服的，则胜利还是等在远处，向你招手呢！

这里是可测验你人格之大小的地方；在除你自己的生命以外，一切都已丧失了以后，在你的生命中，还剩余些什么？换一句话，在你迭遭失败了以后，你还有多少勇气的剩余？假使你在失败之后，从此偃卧不起，放手不干，而自甘于永久的屈服，则别人可以断定，你只是个凡夫俗子，但假使你能雄心不灭，迈步向前，不失望，不放弃，则人家可以知道，你的人格之大，勇气之大，是可以超过你的损失灾祸与失败的。

你或者要说，你已经失败得次数过多，所以再试也属徒然吧；你已经倾跌得次数过多，再站立起来也是无用吧。胡说！对于意志永不屈服的人，没有所谓失败！不管失败的次数怎样多，时间怎样晚，胜利仍然是可期的。狄更司[①]（Dickens）小说中所描写的守财奴司克拉（Serooge）在他的暮年，忽

---

① 【狄更司】19世纪英国最伟大的作家，也是一位以反映现实生活见长的作家。主要作品有《匹克威克外传》《雾都孤儿》《老古玩店》《双城记》等。

然能从一个残忍、冷酷、爱财如命，而整个的灵魂，幽囚在黄金堆中的人，一变而为一个宽宏大量、诚恳爱人的人，这并不是狄更司脑海中凭空所虚构，世界上真的有这种事实。人的根性，可以由恶劣转变而为良善；人的事业，又何曾不可由失败转变而为成功？常常，据报章所记载，或为我们所亲身见闻，有许多男女，努力把自己从过去的失败中救赎出来，不顾以前的失败，奋身作再度之奋斗，而终以达到胜利。

有千万的人，已丧失了他们所有的一切东西，然而他们还不算是失败，因为他们是有着一个不可屈服的意志，不知颓丧的精神。

人格伟大的人，对于世间所谓成败，不甚介意，灾祸、失望，虽频频降临，然而总能超过、克胜它们。他从来不会失却镇静。在暴风雨猛烈的袭击中，在心灵脆弱的人唯有束手待毙的时候，他的自信的精神，镇定的气概，仍然存在；而可以克胜外界一切的境遇，使之不为害于己。

"什么是失败？"菲力浦（W.Philps）说："不是别的，失败只是走上较高地位的第一阶段。"许多人之所以成功，就是受赐于先前的层层失败。

假使他没有遭遇过失败，他恐怕反而不能得到大胜利。对于有骨气、有作为的人，失败是反足以增加他的决心与勇气的。

是的！对于那自信其能力，而不自介意于暂时的成败的人，没有所谓失败！对于别人放手，而他仍然坚持，别人后退而他仍然前冲的人，没有所谓失败！对于每次倾跌，立刻站起来；每次坠地，反会像皮球一样跳得更高的人，没有所谓失败。

> 思考与练习

一、第 1 段中"有很多的人要是没有大难临头往往不会发挥出其真实力量"。你认同这句话吗？如认同，请举出生活中或历史人物的相关经历加以说明。

二、谈谈本文对你的学习和生活有何启示。

三、本文在说理时主要使用了哪些方面的论据？

四、本文哪些地方运用了比喻、排比的修辞手法？有何作用？

五、读读记记

　　1.如果你问一个善于溜冰的人怎样获得成功时，他会告诉你："跌倒了，爬起来。"这就是成功。
——【英国】牛顿

　　2.成功的人，都有浩然气概，他们都是大胆的、勇敢的，他们的字典上，是没有"惧怕"两个字的。
——【美国】卡耐基

24 要有成功的信念①

【美国】拿破仑·希尔

·课文导读·

在美国,拿破仑·希尔这个名字之所以家喻户晓,是因为他创造性地建立了全新的成功学,在人际学、创造学、成功学等领域有着很高的地位。他创建的成功哲学和十七项成功原则,以及他永远如火如荼的热情,鼓舞了千百万人,他被称为"百万富翁的创造者"。《拿破仑·希尔成功学全书》总结了拿破仑·希尔最有价值的、带有规律性的十七个定律,为寻求成功之路的千百万人建造了到达成功彼岸的十七个坚实的阶梯。本文节选自该书第七章《建立自信心》。

成功意味着许多美好、积极的事物。

成功就是生命的最终目标。

人人都想要成功。每一个人都想要获得一些最美好的事物。没有人喜欢巴结别人,过平庸的生活,也没有人喜欢自己被迫进入某种情况。

最实用的成功经验,可在《圣经》的章节中找到,那就是"坚定不移的信心能够移山"。可是真正相信自己能移山的人并不多,结果,真正做到"移山"的人也不多。

---

① 选自《拿破仑·希尔成功学全书》(新疆美术摄影出版社2012年版),稍有改动。拿破仑·希尔(Napoleon Hill, 1883—1969),全世界最早的现代成功大师和励志书作家,曾经影响美国两任总统(伍德罗·威尔逊和富兰克林·罗斯福)及千百万读者,主要作品有《成功规律》《人人都能成功》《思考致富》等。

有时候,你可能会听到这样的话:"光是像阿里巴巴那样喊'芝麻,开门'就想把山真的移开,那是根本不可能的。"说这话的人把"信心"和"希望"等同起来了。不错,你无法用"希望"来移动一座山,也无法靠"希望"实现你的目标。

但是,成功学大师拿破仑·希尔告诉我们:只要有信心,你就能移动一座山。

只要相信你能成功,你就会赢得成功。

关于信心的威力,并没有什么神奇或神秘可言。信心起作用的过程是这样的:相信"我确实能做到"的态度,产生了能力、技巧与精力这些必备条件,每当你相信"我能做到时",自然就会想出"如何去做"的方法。

每天都有不少年轻人开始新的工作,他们都"希望"能登上最高阶层,享受随之而来的成功果实。但是他们绝大多数都不具备必需的信心与决心,因此他们无法达到顶点。也因为他们相信自己达不到,以致找不到登上巅峰的途径,他们的作为也一直停留在一般人的水平。

但是还是有少部分人真的相信他们总有一天会成功。他们抱着"我就要登上山峰"的积极态度来进行各项工作。这批年轻人仔细研究高级经理人员的各种作为,学习那些成功者分析问题和作出决定的方式,并且留意他们如何应付进退。最后,他们终于凭着坚强的信心达到了目标。

信心是成功的秘诀。拿破仑曾经说过:"我成功,是因为我志在成功。"如果没有这个目标,拿破仑必定没有毅然的决心与信心,当然成功也就与他无缘。

信心不仅能使一个白手起家的人成为巨富,也会使一个演员在风云变幻的政坛上大获成功,美国第四十届总统罗纳德·里根就是有幸掌握这个诀窍的人物。

里根是一个演员,却立志要当总统。

从22岁到54岁,罗纳德·里根从电台体育播音员到好莱坞电影明星,整个青年到中年的岁月都在文艺圈内,对于从政完全是陌生的,更没有什么经验可谈。这一现实,几乎是里根涉足政坛的一大拦路虎。然而,当机会来临,共和党内和保守派和一些富豪竭力怂恿他竞选加州州长时,里根毅然决定放弃大半辈子赖以为生的影视职业,决心开辟人生的新领域。

当然,信心毕竟只是一种自我激励的精神力量,若离开了自己所据有的条件,信心也就失去了依托,难以变希望为现实。大凡想有所作为的人,都须脚踏实地,从自己的脚下踏出一条远行的路来。正如里根要改变自己的生活道路,并非突发奇想,而是与他的知识、能力、经历、胆识分不开的。有两件事树立了里根角逐政界的信心。

一是当他受聘为通用电气公司的电视节目主持人时,为办好这个遍布全美各地的大型联合企业的电视节目,通过电视宣传,改变普遍存在的生产情绪低落的状况,里根不得不花费大量的心血和大量时间在各个分厂巡回,同工人和管理人员广泛接触。这使得他有大量机会认识社会各阶层人士,全面了解社会的政治、经济情况。人们什么话都对他说,从工厂生产、职工收入、社会福利到政府与企业的关系、税收政策等。

里根把这些话题吸收消化后,并通过节目主持人身份反映出来,立刻引起了强烈的共鸣。为此,该公司一位董事长曾意味深长地对里根说:"认真总结一下这方面的经验体会，为自己立下几条哲理，然后身体力行地去做，将来必有收获。"这番话无疑为里根产生弃影从政的信心埋下了种子。

另一件事发生在他加入共和党后，为帮助保守派头目竞选议员，募集资金，他利用演员身份在电视上发表了题为《可供选择的时代》的演讲。以其出色的表演大获成功，演说后立即募集了100万美元，以后又陆续收到不少捐款，总数达600万美元。《纽约时报》称之为美国竞选史上筹款最多的一次演说。里根一夜之间成为共和党保守派心目中的代言人，引起了操纵政坛的幕后人物的注意。

这时候传来更令人振奋的消息，里根在好莱坞的好友乔治·墨菲，这个地道的电影明星，与担任过肯尼迪和约翰逊总统新闻秘书的老牌政治家塞林格竞选加州议员。在政治实力悬殊的情况下，乔治·墨菲凭着38年的舞台银幕经验，唤起了早已熟悉他形象的老观众们的巨大热情，意外地大获全胜。

原来，演员的经历不但不是从政的障碍，而且如果运用得当，还会为争夺选票赢得民众发挥作用。里根发现了这一秘密，便首先从塑造形象上下功夫，充分利用自己的优势——五官端正、轮廓分明的好莱坞"典型的美男子"的风度和魅力，使共和党竞选活动别开生面、大放异彩，吸引了众多观众。

然而这一切在里根的对手、多年来一直连任加州州长的老政治家布朗的眼中，却只不过是"二流戏子"的滑稽表演。他认为无论里根的外部形象怎样光辉，其政治形象毕竟还只是一个稚嫩的婴儿。于是他抓住这点，以毫无政治工作经验为实进行攻击。殊不知里根却顺水推舟，干脆扮演一个纯朴无华、诚实热心的"平民政治家"。里根固然没有从政的经历，但有从政经历的布朗恰恰才有更多的失误，给人留下把柄，让里根得到施展自己才能的机会。

二者形象对照是如此鲜明，里根再一次越过了障碍。帮助他越过障碍的正是障碍本身——没有政治资本就是一笔最大的资本。因而，每个人一生的经历都是最宝贵的财富。不同的是，有的人只将经历视为实现未来目标的障碍，有的人则利用经历作为实现目标的法宝，里根无疑属于后者。

就在里根如愿以偿当上州长问鼎白宫之时，他与竞争对手卡特举行长达几十分钟的电视辩论。面对摄像机，里根发挥出淋漓尽致的表演效果，时而微笑，时而妙语连珠，在亿万选民面前完全凭着当演员的本领，占尽上风。相比之下，从政时间虽长，但缺少表演经历的卡特却显得相形见绌。

成功者大都有"碰壁"的经历，但坚定的信心使他们能通过搜寻薄弱环节和隐藏着的"门"，或通过总结教训而更有效地谋取成功。

通过里根的经历，我们可以感觉到：信心的力量在成功者的足迹中起着决定性的作用，要想事业有成，就必须拥有无坚不摧的信心。

信心对于立志成功者具有重要意义。有人说：成功的欲望是创造和拥有财富的源泉。人一旦拥有这一欲望并经由自我暗示和潜意识的激发形成一种信心，这种信心便会转化为一种"积极的感情"。它能够激发潜意识，释放出无穷的热情、精力和智慧，进而帮助其获得巨大的财富与事业上的成就。所以，有人把"信心"比喻为"一个人心理建筑的工程师"。在现实生活中，信心一旦与思考结合，就能激发潜意识来激励人们表现出无限的智慧的力量，使每个人的欲望所求转化为物质、金钱、事业等方面的有形价值。

在每一个成功者的背后，都有一股巨大的力量——信心在支持和推动着他们不断向自己的目标迈进。所以说：信心是生命和力量，信心是奇迹，信心是创立事业之本。

不计劳动，勇往直前，定让你的人生大放异彩。

思考与练习

一、文中引用里根的例子说明了什么？你所知道的中年确定新的人生目标并取得成功的名人有哪些？

二、每个人对成功的定义各有不同，谈谈你所理解的成功的人生，以及你对未来人生之路的规划。

三、读读记记

  1.成功的秘诀，在永不改变既定的目的。　　　　　　——【法国】卢梭

  2.本来无望的事，大胆尝试，往往能成功。　　　　　——【英国】莎士比亚

25 走向社会[1]

【美国】亚伦·亚达

·课文导读·

亚伦·亚达是美国影视明星，主演过《杏林春暖》等影片。本文是他在康涅狄克大学某次毕业典礼上对包括他女儿在内的毕业生的演说辞。他以父亲给女儿临别赠言的口吻，设身处地地给即将走向社会的年轻人种种忠告和建议，阅读时认真加以领会。

肺腑之言，留待最后才说。一般人常常会滔滔地谈上几个钟头，实际上却在谈些无关紧要的事，直到停留在门口的那一刻，才说出几句出自肺腑的真心话。

今天，你我正停留在门口，我们正手握着门柄，依依惜别，像《哈姆雷特》[2]中的普洛米奥斯对儿子列奥第斯反复叮咛：要记住，"不要向人借钱，也不要借钱给人——尤其不要忘记，要对自己诚实"。

但最好的话常常是顺口说出来的。前面还带上一句"哦，顺便提一提"。实际生活中，普洛米奥斯在叮嘱完了儿子之后——他儿子大概这时没有留心听—— 一定还要加一句："啊，顺便提一提，如果你有什么困难，别忘了随

---

[1] 选自《中外著名演讲欣赏》（春秋出版社1988年版）。
[2] 【《哈姆雷特》】由莎士比亚创作于1599年至1602年间的一部悲剧作品。戏剧讲述了叔叔克劳狄斯谋害了哈姆雷特的父亲，篡取了王位，并娶了国王的遗孀乔特鲁德；哈姆雷特王子因此为父王向叔叔复仇。普洛米奥斯为哈姆雷特心爱的父亲，后被哈姆雷特误杀。

时可以打电话到我办公室来。"

此刻，你我正站在门口，我向你告别，我有多少话想要对你说啊，我的夏娃。

第一件事是：你不要害怕。你是投身于一个稳稳当当的社会之中，这个社会就好像一辆有四方轮子的汽车在平稳地行驶。你有一点惶惑不安，那没有关系。你已是一个大人，而今天世界上的领袖，他们的行为却像孩童。

你已到了成年，但你仍觉得没有成年的把握。我对成年有时也无把握——包括你的成年和我自己的成年。

不是么，前天你还只是个婴孩，我害怕抱你，因为你是那么娇嫩。昨天你跌断了胳膊，急得我手足无措，那时你刚刚9岁。直到今天早上，你才不过10岁呢！我也在变老，只有时光无情；但尽管光阴如贼，却总算还给我们留下了一些东西，那就是经验。有了经验，你做事会更有把握。

爱你的工作，如果你悉心去做某桩事情，你决不会一无所获。不论你收获的是不是值许多钱，但你会过得很快乐，而这份快乐是没有人能够夺去的。

在此依依不舍之际，我真愿把大事小事通通都说出来，我说，你要不停地笑。你笑的时候总是咯咯地笑，为了健康，你一天要这样笑上三次。如果你能逗得别人和你一起笑，你也许可以帮助这条摇晃不定的小船不至于沉没。当人们在笑的时候，通常是不会互相残杀的。

这是一个错综复杂的世界。我希望你能学会明辨的功夫。不要只看到桃子皮上的细毛，不要只看到蛤蟆身上的疙瘩，不要只看到一个人古怪的脾气。如果我们能明辨，我们就知道容忍。我们就可以抓住问题的核心，而不至于老是在一些枝节问题上纠缠不清。

当你养成了明辨的习惯后，你就会开始怀疑你自己的假设。你的假设是对世界敞开的窗户，这扇窗户有时也需要洗一洗，否则光线进不来。如果你能怀疑自己的假设，你就不会太轻易地接受别人那些未经怀疑的假设。你也不至于做了世俗偏见的俘虏。或者受了那居心叵测人的欺骗，以至去把你的脑袋、灵魂以及钱财全交给了他。

做人要伶俐,但你要记住,智慧总胜于伶俐。智慧难得,却不要因此灰心。寻求智慧需要时间。智慧如罕见的病毒,常在想不到的时候出现,且喜欢光顾那些富有同情心的人和明理的人。

门已渐渐移近门闩,但我的话还未说完。让我说得更深一些。除非你赋生命以意义并好好地去利用它,否则人生只不过是一场无聊和空虚。存在只有靠自己去创造。

不管我们多么爱别人,别人也多么爱我们,我们中的绝大多数人免不了会觉得内心空虚,觉得孤独和寂寞。孤独和寂寞是每一个人都要遭遇的心魔。当你到了要和它搏斗的时候,我要你能够看透它,并且战胜它。

当无聊感侵袭你的时候,你应有所准备。假如你已有了准备,它就抓不住你。你该运用你在这个大学里所学的本领和技能,深入社会,改造社会,使它变得更好。

举例说,你可以试着去治理受污染的空气和水。你可以试着去推动司法制度,使它发挥作用。或者你可以去工作,使穷人和富人过得一样好的那天早日来到。

你可以去研究一番,看一看为什么每个国家和每个宗教里总有一些人不时要对其他人带来那么多的灾难。如果真要找出荒谬之事的答案,你应去弄明白,为什么人类既能养育生命又能残害生命;既会为一个小女孩身陷矿井而焦灼不安、奔走设法,却又能够把整个村庄的人斩尽杀绝而不眨一眼。

当你这么做的时候要想到,你今天所享有的一切妇女权利,都是昨天由许多妇女为你争来的。除非你也同样以行动来维护和扩大这种平等,否则今天出生的女孩也许还享受不到你现在所享有的权利。文明生活就好比一锅煮着的肉,它自己不会一直沸腾下去,要你去往锅里放入些什么,好让排在你后面的人也能够去享受。

在有生之年，许多事要你去为之奔忙。我不能因此保证你可以完全摆脱无聊感。但它有可能因此减少到能驾驭的程度。你也会因此常常沉浸在欢乐之中，因为你将看到，事物毕竟是在朝前发展。

我看到你像我喜欢的那样蹙着双眉。你那紧蹙的双眉表明你对世界有所怀疑。在这样激动和充满希望的时刻，为什么我却要和你讨论荒谬和空虚呢？因为我愿你把希望像光聚成焦点，把激动连成一条连续的光线，好像激光那样——直射向我们不满的目标。

我要你做事有成效。能够做的时候要尽力去做有益的事。用你的智慧和聪明去抵御别人的野蛮和粗鲁。而最要紧的是，要在你自己选定的生活中，在你自己创造的世界中充满欢笑，自得其乐。我要你坚强、进取，做个能吃苦、有活力、富有感情的人。成为真正的你，充分发挥你的个性。

你要有激情和冲动。大凡伟大的事都是从激情来的。哥伦布有这种激情，在《独立宣言》上署名的那些人也有。可以笑你自己，但却决不可否定自己。你应勇敢，去陌生地方的时候，别把安全留一点儿在岸上。去到那无人涉足过的疆域。

勇于去过富于创造性的生活，就是去从来没人到过的地方。你必须离开舒适的城市去到直觉引导你去的旷野。不是乘公共汽车去，而是用苦干和冒险。你的发现定会叫你感到奇妙。你会发现你自己的存在。

好了，这就是我的临别赠言。看，门正在轻轻地关上。再会。祝你快乐……

哦，还要顺便提一提，我爱你。

思考与练习

一、作者提出了哪些忠告与建议？选出一两点对你触动较深的建议，谈谈这些建议对你的启示。

二、"做人要伶俐，但你要记住，智慧总胜于伶俐。"谈谈你对伶俐和智慧的理解。

三、请将作者在本文提到的忠告整理出来，并把自己最喜欢的一两条抄写下来作为自己的座右铭。

四、读读记记

　　1. 宁在事前心力交瘁地努力，事后悠然自得；不要在事前悠然自得，而在临事时无法适从。　　　　　　　　　　　　　　——【英国】丘吉尔

　　2. 业精于勤而荒于嬉，行成于思而毁于随。　　——【中国】唐·韩愈

综合实践活动：模拟应聘

活动目标：

1. 了解应聘面试的基本流程、注意事项、技巧。

2. 掌握并能灵活运用应聘面试技巧。

活动准备：

本书前面口语交际训练部分已经对面试中的自我介绍、面试前的准备工作、面试中应注意的问题、面试中的非语言技巧等知识进行了介绍，同学们可以回顾了解一下。

活动前，教师进行必要的辅导和交代，提出相关要求，注意纠正学生在面试过程中可能暴露出来的各种不良习惯；学生自行拟定面试试题及过程，设计模拟应聘面试评分表；活动过程中教师担任评判，指导活动顺利进行，结束后做总结发言。

活动内容及步骤

以小组为单位，由3—4名学生组成面试主考方，该组其他学生为应聘方，逐一参加面试，面试时间约5分钟，主考方填写模拟应聘面试评分表。之后双方同学互换角色，重新开始面试。整个一轮结束后，双方学生进行互评、讨论，教师及时给予归纳总结。

面试评价标准表

面试考生序号		性别		面试地点		应聘职位	
面试要素	语言表达能力	逻辑思维能力	责任感与进取心	组织协调能力		应变能力	举止仪表
分值	20分	20分	20分	20分		15分	5分
评分标准及评分要点 — 好	15—20分 表达准确、简洁大方，叙述流畅得体，无语病。	15—20分 层次清晰，主次分明，条理清楚，善于综合分析，逻辑性强，思维面广。	15—20分 诚实负责，自信而又务实，既有进取意识又踏实、谦逊，回答极有分寸。	15—20分 有极强的设计能力，计划周密可行，组织能力极强；有极强的合作意识，合作技巧高，协调沟通方法得当。		11—15分 对事物的变化反应敏捷自然，有较强的应急能力，处理问题恰当、得体，心理承受能力强。	4—5分 文化素养高，举止文雅，穿着得体，无多余动作。
评分标准及评分要点 — 中	10—14分 表达尚清楚，叙述较通顺，不够简洁，有些语病。	10—14分 有条理，有主次，有一定逻辑性，能分析归纳问题。	10—14分 有一定自信心和进取精神，但有些好高骛远，不够实际。	10—14分 办事有计划但不够严密，有一定组织能力，有合作意识，懂得一些协调方法。		5—10分 能对事物变化作出反应，有一定心理承受能力，应变能力尚可，能处理一些棘手问题。	2—3分 有文化素质，举止不够大方，穿着整齐。
评分标准及评分要点 — 差	0—9分 表达不准确，语言不通顺，说话啰嗦、累赘、混乱。	0—9分 条理混乱，内容凌乱，缺乏逻辑性，思维面窄。	0—9分 回答问题绕弯子，办事不负责任，无进取心或华而不实、哗众取宠。	0—9分 办事无计划性，考虑事情极不周到，缺乏组织管理意识，缺乏合作意识，协调沟通方法差。		0—4分 对事物的反应迟钝，不知所措，处事不当；或情绪激动，对外部压力极为敏感，不能控制自己。	0—1分 文化素养差，穿着不得体，举止不得当，有多余动作。
择重考题	二题为主，兼顾一题		一题为主	三题为主		四题为主	全过程
初评得分							
终评得分	分项						
	合计						
评委评语	评委签名：　　　　　　　　　　　年　　月　　日						

上面是公务员面试评价标准表，可以对其进行一定调整后使用。

综合训练

一、认真阅读以下面试对话实录，完成实践任务

李主任（某公司人力资源部主任）：你好，欢迎你来本公司应聘，请谈谈你的情况好吗？

张搏（应聘学生）：好的。我叫张搏，弓长张，拼搏的搏。本省江滨市人，1980年出生，今年7月毕业于江滨市XX职业学校。我学的专业是企业管理。

在学校的3年时间里，我们不仅学习了有关专业知识，进行了较长时间和较为系统的专业训练，还学习了大致相当于普通高中程度的语文、政治、历史、地理、数学、物理、化学、计算机和外语等基础课程。现在可以说基本上，当然也只是基本上，具备了企业管理这一职业所需要的专业知识、文化素质和实践能力。

我的优点之一是乐于同领导、老师、同学、朋友等周围的人形成良好的人际关系，并通过这种良好的人际关系更充分地发挥自我。从初中到职业学校，我一直是学生干部，当过班长和学生会副主席，积累了一定的组织管理经验，这不但对我深刻理解管理学的内涵有很大的帮助，也养成了我积极团结社团同事，充分发挥集体力量解决问题的习惯和作风。这是我校提供的我在校3年的各门功课成绩和各方面表现的评价，这是另外一些有关材料，请李主任过目。如果还需要什么别的材料，我将尽快补上。

李主任：从你刚才的介绍和有关材料看，你是一个不错的职业学校毕业生。

张搏：谢谢。

李主任：但是依本公司的惯例，我们只录取大学本科以上的男性作为管理人员。

张搏：嗯……我想呢，李主任的意思是，咱们公司十分看中高素质和高水平的人。不言而喻，本科学历以上的人，知识结构、思维能力和整体素质相对较好。但学历和水平在有的时候是不等同的，起码有这样的特例。我认为，一个有开拓进取精神的公司，就像咱们公司，在人才选择上也一定是不拘一格的，不会在乎男女之别和只重学历的。否则，看了我自荐书上的学历栏后，李主任就不会让我来面试了。

李主任： 你很聪明。请进一步介绍一下你的个人素质好吗？介绍最突出的，当然也别落下你认为重要的。

张搏： 好的。我想，有些基本的也是很重要的素质，是和学历无关的，比如热情、顽强、冷静、自律等，我一直为我对学习、工作和生活充满热情而自豪。我在看似平常、枯燥的学习、工作和生活中获得乐趣，这种乐趣又推动我更深入地学习、更勤奋地工作，更加珍惜生活。有了这种热情，劳累变为轻松，复杂变为简单，顽强、冷静和自律也就很容易做到。所以我非常喜欢孔子的那句话："知之者不如好之者，好之者不如乐之者。"

当然，知识的确是重要的，但不断获取知识的能力更重要。一项调查表明，实际工作中所用到的知识只有百分之二十是在学校学的，其余都是在工作中自我探索、学习来的。关键是要在纷繁的事物中抓住本质，在复杂的关系中抓住矛盾的中心，在了解情况的基础上果断作出决策。

李主任： 你很善于思考。能够有所成就的人必定是踏实努力而善于独立思考的人。

张搏： 我愿为公司奉献我的才智。

李主任： 我们公司是一家民营企业。你考虑过吗？

张搏： 考虑过。我认为，民营企业没什么不好。江泽民总书记在十五大报告中指出，个体、私营等非公有制经济是社会主义市场经济的重要组成部分，省委、省政府去年还出台了《关于加快发展我省私营经济的决定》。应该说已经从思想上、政策上和体制上为民营经济的发展扫清了障碍。一个企业有无前途，不在于是国营还是民营。国营公司如果不能适应市场同样会破产；民营企业通过艰苦经营也可以发展为跨国集团公司，这已经被改革的实践所证明。我不在乎别人的评论，在民营企业供职是光荣的，能为中国的民族工商业贡献自己的力量是光荣的。

李主任：很好。不过，即使在本市的民营企业中，我们也不是最大的。你为何看中我们公司？

张搏：我看中的是公司的精神、经营理念和经营管理水平，而不是企业的大小。不瞒李主任，在来应聘前我通过多种途径，包括实地考察，了解过咱们公司。

公司的那句"为振兴民族工商业而奋斗"的口号，令我感到鼓舞和振奋。还有一点，就是咱们公司积极致力于改善同社区的关系，努力塑造良好的社会形象，这是现代企业的显著特点之一。但许多公司还没有认识到这一点。井然有序、令行禁止的管理也让我十分钦佩。前几天，我在公司看了一上午，有一阵实在累了，就打了个哈欠，在楼梯上坐了下来。一个年轻职员见了对我说："你不是本公司的人吧？"我说："对。"他说："在这席地而坐有碍公司形象，请离开好吗？"当时我很尴尬，但这充分反映了咱们公司的管理水平和职员的敬业精神。

李主任：你来上班后见到这个人，你告诉他，我很想跟他交个朋友。

张搏：一定。同时谢谢李主任录用我。

李主任：我说录用你了吗？

张搏：是的。您说，你来上班后……

李主任：对对，我为什么不要一个对本公司充满信心的职员呢？这张登记卡你拿回去填好，明天就来报到吧。

1. 你认为张搏同学在面试中的表现如何？有哪些值得你学习的地方？

2. 假如你是张搏，你会怎么回答面试中的那些问题？

二、以小组为单位，组织面试活动，可参考问题如下

1. 请你自我介绍一下。

2. 你觉得你个性上最大的优点是什么？

3. 说说你最大的缺点。

4. 你对加班的看法？

5. 在三年的时间内，你的职业规划？

6. 你朋友对你的评价？

7. 如果通过这次面试我们单位录用了你，但你工作一段时间却发现自己根本不适合这个职位，你怎么办？

8. 你对于我们单位了解多少？

9. 你怎么理解你应聘的职位？

10. 你为什么愿意到我们单位来工作？

11. 你能为我们单位带来什么呢？

12. 你工作经验欠缺，如何能胜任这项工作？

13. 怎样看待学历和能力？

常用礼仪知识

礼仪是人们在社会交往活动中，为了相互尊重，在仪容、仪表、仪态、仪式、言谈举止等方面约定俗成的，共同认可的行为规范。礼仪是对礼节、礼貌、仪态和仪式的统称。

礼仪的内容丰富多样，其基本的礼仪原则：一是敬人的原则；二是自律的原则，就是在交往过程中要克己、慎重、积极主动、自觉自愿、礼貌待人、表里如一，自我对照，自我反省，自我要求，自我检点，自我约束，不能妄自尊大，口是心非；三是适度的原则，适度得体，掌握分寸；四是真诚的原则，诚心诚意，以诚待人，不逢场作戏，言行不一。

下面介绍一些我们日常生活中常用的礼仪。

一、个人礼仪

（一）仪表

仪表是指人的容貌，是一个人精神面貌的外观体现。一个人的卫生习惯、服饰与形成和保持端庄、大方的仪表有着密切的关系。

1. 卫生

清洁卫生是仪容美的关键，是礼仪的基本要求。不管长相多好，服饰多华贵，若蓬头垢面，浑身异味，那必然破坏一个人的美感。因此，每个人都应该养成良好的卫生习惯，做到入睡起床洗脸、脚，早晚、饭后勤刷牙，经常洗头、洗澡、换衣。不要在人前"打扫个人卫生"。比如掏鼻孔、挖耳屎等，这些行为都应该避开他人进行。否则，不仅不雅观，也不尊重他人。与人谈话时应保持一定距离，声音不要太大，不要对人口沫四溅。

2. 服饰

着装既要自然得体、协调大方，又要遵守某种约定俗成的规范或原则。服装不但要与自己的具体条件相适应，还必须时刻注意客观环境、场合对人的着装要求，即着装打扮要优先考虑时间、地点和目的三大要素，并努力在穿着打扮的各方面与时间、地点、目的保持协调一致。

（二）言谈

言谈作为一门艺术，也是个人礼仪的一个重要组成部分。

1. 礼貌

态度要诚恳、亲切；音量大小要适宜，语调要平和沉稳；尊重他人。

2. 用语

敬语，表示尊敬和礼貌的词语。如日常使用的"请""谢谢""对不起"，第二人称中的"您"字等。另外，还要掌握一些常用敬语，如初次见面为"久仰"，很久不见为"久违"，请人批评为"指教"，麻烦别人称"打扰"，求给方便为"借光"，托人办事为"拜托"等等。要努力养成使用敬语的习惯。

（三）仪态举止

1. 谈话姿势

谈话的姿势往往反映出一个人的性格、修养和文明素质。交谈时，首先双方要互相正视、互相倾听，不能东张西望、看书看报、面带倦容、哈欠连天。否则，会给人心不在焉、傲慢无理等不礼貌的印象。

2. 站姿

站立是人最基本的姿势，是一种静态的美。站立时，身体应与地面垂直，重心放在两个前脚掌上，挺胸、收腹、收颔、抬头、双肩放松。双臂自然下垂或在体前交叉，眼睛平视，面带笑容。站立时不要歪脖、斜腰、曲腿等，在一些正式场合不宜将手插在裤袋里或交叉在胸前，更不要下意识地做些小动作，那样不但显得拘谨，给人缺乏自信之感，而且也有失仪态的庄重。

3. 坐姿

坐，也是一种静态造型。端庄优美的坐姿，会给人以文雅、稳重、自然大方的美感。正确的坐姿为：腰背挺直，肩放松。女性应两膝并拢；男性膝部可分开一些，但不要过大，一般不超过肩宽。双手自然放在膝盖上或椅子扶手上。在正式场合，入座时要轻柔和缓，起座要端庄稳重，不可猛起猛坐，弄得桌椅乱响，造成尴尬气氛。不论何种坐姿，上身都要保持端正，如古人所言的"坐如钟"。若坚持这一点，那么不管怎样变换身体的姿态，都会优美、自然。

4. 走姿

行走是人生活中的主要动作，走姿是一种动态的美。"行如风"就是用风行水上来形容轻快自然的步态。正确的走姿是：轻而稳，胸要挺，头要抬，肩放松，两眼平视，面带微笑，自然摆臂。

二、见面礼仪

1. 握手礼

握手是一种沟通思想、交流感情、增进友谊的重要方式。与他人握手时，目光注视对方，微笑致意，不可心不在焉、左顾右盼，不可戴帽子和手套与人握手。在正常情况下，握手的时间不宜超过3秒，必须站立握手，以示对他人的尊重、礼貌。

握手也讲究一定的顺序：一般讲究"尊者决定"，即待女士、长辈、已婚者、职位高者伸出手来之后，男士、晚辈、未婚者、职位低者方可伸出手去呼应。若一个人要与许多人握手，那么顺序应是：先长辈后晚辈，先主人后客人，先上级后下级，先女士后男士。

2. 鞠躬礼

鞠躬，意即弯身行礼，是表示对他人敬佩的一种礼节方式。鞠躬前双眼礼貌地注视对方，以表尊重的诚意。鞠躬时必须郑重地立正、脱帽，嘴里不能吃任何东西，或是边鞠躬边说与行礼无关的话。

3. 致意

致意是一种不出声的问候礼节，常用于相识的人在社交场合打招呼。在社交场合里，人们往往采用招手致意、欠身致意、脱帽致意等形式来表达友善之意。

三、上岗礼仪

（一）上班服饰

在统一着装的单位，员工上班时统一穿工作服。倘若单位无统一着装的要求，男士着装要整洁、大方，给人以干净、利落的感觉。女士衣着宜美观、合身，尽量不穿薄、露、透的衣服，也不要打扮得花枝招展，以免给人以轻浮的感觉。

男士上班前应修好边幅，显得精神抖擞；女士上班前可酌情化淡妆，但不要浓妆艳抹，也不宜佩戴过多或叮当作响的首饰，过分打扮会显得俗气。

（二）工作场合行为规范

工作人员应严格遵循工作岗位行为规范，遵守作息时间，按时上下班，不迟到早退。上岗后，要积极做好各项准备工作，上班时间不做私事，也不要长时间用单位电话闲聊。

（三）上下级关系礼仪

在工作单位，上级与下级分工不同，既是领导与被领导的关系，同时也是合作关系。上下级如何做到精诚合作，取得良好的工作业绩，讲究上下级关系礼仪，妥善处理好上下级之间的关系至关重要。

1. 上级对下级的关系

（1）任人唯贤。作为领导者，不仅应长于科学决策，而且要努力做到知人善任。上级要了解部下的经历、素质、脾气、性格、作风，了解部下的长处与弱点，用其所长，避其所短，量才使用，调动其积极性，充分发挥其聪明才智。作为领导者，要尽量避免感情用事，做到任人唯贤，而不要任人唯亲。对下属，不要亲者近，远者疏，而应当从工作出发，一视同仁，唯才是举，提拔、重用有才干的下属，放手让他们大胆工作。领导者应礼贤下士，不委屈勤恳工作的职员，不怠慢具有开拓精神的员工，不排挤德才兼备的功臣。此外，领导者不仅要会用人，还要为下属着想，关心他们的疾苦，为他们排忧解难，帮助他们不断进步。

（2）言而有信。作为领导者，讲话要谨慎，言而有信，说话算数，做到言必行，行必果。不要信口开河，更不要随便封官许愿。工作中切忌用官话训人，用大话吓人，用假话哄人。对下属承诺的事，应当认真地去兑现，若遇特殊情况一时解决不了，则应坦诚说明原因。这样，领导才会有威信，才有可能赢得部下的信赖；反之，就会失去在下属中的威信。

（3）宽宏大量。作为领导者，应当严于律己，宽以待人，对下属不要横挑鼻子竖挑眼，而应当多看部下的优点，对作出成绩的下属要予以表扬和奖励，而不能嫉妒或贬低。领导者也应尊重和爱护部下，不要专横傲慢，不要对下属颐指气使、呼来唤去。对心直口快、敢于提意见的下属，应持欢迎的态度。虚怀若谷者比盛气凌人者更容易与群众打成一片，从而带领下属创造新业绩。

2. 下级对上级的关系

（1）尊敬上级。在工作中，下级服从上级是基本的原则。下级尊敬上级，不仅表现在口头上，而且体现在行动中。上级布置工作时，下级要认真聆听，对上级的正确指示要坚决执行。对上级布置的任务要努力完成。在执行过程中，适时向领导请示，完成任务后，及时向领导汇报。切忌把上级的指示当作耳旁风，或视为儿戏。在工作中有令不行，或敷衍领导，办事拖拖拉拉，不仅对工作不利，也会降低自己在领导心目中的地位。

（2）讲究方式。领导有时对一些问题考虑不周，工作难免会有不当之处。作为下属，此时不要借机显示自己能干，"喧宾夺主"，当众指出上级的错误。

而应当讲究工作方式，私下找领导交换意见，坦陈自己经过深思熟虑的看法，供领导参考。这样做，对改进工作更有利。

（3）注意小节。下级有事找领导，应先轻轻敲门或按门铃，经允许后方可进入。若非紧急公务，正逢领导开会，应有礼貌地等候或另择时间。向领导汇报工作，应实事求是，简明扼要，切忌啰嗦。未经领导许可，不要随便翻阅领导办公桌上的文件。

上级领导来部门检查工作时，下级员工如果坐在椅子上，应起身迎送。此外，作为下级，不要在背后对领导说三道四。

（四）同事关系礼仪

同事关系是指同一组织中平级工作人员之间因工作而产生的关系，通常具有稳定性。同事之间应当彼此尊重，互相帮助，一视同仁，以便建立与保持和谐的同事关系。

1. 彼此尊重

同事间应该彼此尊重，以诚相待，既不要揭别人的隐私，更不要东家长西家短，搬弄是非。向取得成绩的同事表示热烈祝贺，对遇到不幸的同事深表同情，切不可幸灾乐祸。

2. 互相帮助

在一个单位共事的同事，在工作中既有分工又有合作。不论是分内事还是分外事，同事之间要互相支持，互相帮助，同心协力把工作搞好。遇到困难时，彼此鼎力相助；当有需要时，彼此互相支持，携手并肩，共同走向成功。

3. 一视同仁

虽然同事们的工作水平参差不齐，但每个人在人格上都是平等的。因此，同事间切忌意气用事，不要与少数人过分亲密而形成一个小圈子，导致疏远其他同事，造成不必要的隔阂。同事间应一视同仁，提倡"淡如水"的"君子之交"，以便长期保持和谐的同事关系。

四、拜访礼仪

1. 拜访前的相邀

不论因公还是因私而访,都要事前与被访者电话联系。联系的内容主要有四点:

(1)自报家门(姓名、单位、职务)。

(2)询问被访者是否在单位(家),是否有时间或何时有时间。

(3)提出访问的内容(有事相访或礼节性拜访)使对方有所准备。

(4)在对方同意的情况下定下具体拜访的时间、地点。注意要避开吃饭和休息、特别是午睡的时间。最后,对对方表示感谢。

2. 拜访中的举止礼仪

(1)要守时守约。

(2)讲究敲门的艺术。要用食指敲门,力度适中,间隔有序敲三下,等待回音。如无应声,可再稍加力度,再敲三下,如有应声,再侧身隐立于右门框一侧,待门开时再向前迈半步,与主人相对。

(3)主人不让座不能随便坐下。如果主人是年长者或上级,主人不坐,自己不能先坐。主人让座之后,要口称谢谢,然后采用规矩的礼仪坐姿坐下。主人递上烟茶要双手接过并表示谢意。如果主人没有吸烟的习惯,要克制自己的烟瘾,尽量不吸,以示对主人习惯的尊重。主人献上果品,要等年长者或其他客人动手后,自己再取用。

(4)跟主人谈话,语言要客气。

(5)谈话时间不宜过长。起身告辞时,要向主人表示打扰之歉意。出门后,回身主动伸手与主人握别。待主人留步后,走几步,再回首挥手致意再见。

五、公务礼仪

(一)当面接待礼仪

(1)上级来访,接待要周到。对领导交待的工作要认真听、记;领导了解情况，要如实回答；如领导是来慰问，要表示诚挚的谢意。领导告辞时，要起身相送，互道"再见"。

（2）下级来访，接待要亲切热情。除遵照一般来客礼节接待外，对反映的问题要认真听取，一时解答不了的要客气地回复。来访结束时，要起身相送。

（二）电话接待礼仪

电话接待有以下基本要求。

（1）电话铃一响，拿起电话机首先自报家门，然后再询问对方来电的意图等。

（2）电话交流要认真理解对方意图，并对对方的谈话作必要的重复和附和，以示对对方的积极反馈。

（3）应备有电话记录本，重要的电话应作记录。

（4）电话内容讲完，应等对方结束谈话再以"再见"为结束语。对方放下话筒之后，自己再轻轻放下，以示对对方的尊重。

（三）引见时的礼仪

到办公室来的客人与领导见面，通常由办公室的工作人员引见、介绍。在引导客人去领导办公室的路途中，工作人员要走在客人左前方数步远的位置，忌把背影留给客人。在陪同客人去见领导的这段时间内，不要只顾闷头走路，可以随机讲一些得体的话或介绍一下本单位的大概情况。

在进领导办公室之前，要先轻轻叩门，得到允许后方可进入，切不可贸然闯入。叩门时应用手指关节轻叩，不可用力拍打。进入房间后，应先向领导点头致意，再把客人介绍给领导，介绍时要注意措辞，应用手示意，但不可用手指指着对方。介绍的顺序一般是把身份低、年纪轻的介绍给身份高、年纪大的；把男同志介绍给女同志；如果有好几位客人同时来访，就要按照职务的高低，按顺序介绍。介绍完毕走出房间时应自然、大方，保持较好的行姿，出门后应回身轻轻把门带上。

（四）乘车礼仪

陪同领导及客人乘车外出时要注意以下方面。

（1）让领导和客人先上，自己后上。

（2）要主动打开车门，并以手示意，待领导和客人坐稳后再关门，一般车的右门为上、为先、为尊，所以应先开右门，关门时切忌用力过猛。

（3）在乘车的座位上很讲究，我国一般是右为上，左为下。陪同客人时，要坐在客人的左边。

（五）递物与接物

递物与接物是生活中常用的一种举止。

礼仪的基本要求就是尊重他人。因此，递物时须用双手，表示对对方的尊重。例如递交名片，双方经介绍相识后，常要互相交换名片。递交名片时，应用双手恭敬地递上，且名片的正面应对着对方。在接受他人名片时也应恭敬地用双手捧接。接过名片后要仔细看一遍或有意识地读一下名片的内容，不可接过名片后看都不看就塞入口袋，或到处乱扔。

六、中式餐饮礼仪

餐饮礼仪是指人们在赴宴进餐过程中，根据一定的风俗习惯约定俗成的程序和方法，在仪态、餐具使用、菜品食用等方面表现出的自律和敬人的行为，是餐饮活动中需要遵循的行为规范与准则。

1. 座次

总的来讲，座次是"尚左尊东""面朝大门为尊"。若是圆桌，则正对大门的为主客，主客左右手边的位置，则以离主客的距离来看，越靠近主客位置越尊，相同距离则左侧尊于右侧。若为八仙桌，如果有正对大门的座位，则正对大门一侧的右位为主客。如果不正对大门，则面东的一侧右席为首席。

如果为大宴，桌与桌间的排列讲究首席居前居中，左边依次2、4、6席，右边为3、5、7席，根据主客身份、地位、亲疏分坐。

如果你是主人，你应该提前到达，然后在靠门位置等待，并为来宾引座。如果你是被邀请者，那么就应听从东道主安排入座。

一般来说，如果你的领导出席的话，你应该将领导引至主座，请客户最高级别的坐在主座左侧位置。除非这次招待对象的领导级别非常高。

2. 点菜

如果你是请客者，在时间允许的情况下，你可以等大多数客人到齐之后，将菜单供客人传阅，并请他们来点菜。但一般来说，客人不太好意思点菜，都会让你来做主。如果你的领导也在酒席上，千万不要因为尊重他，或是认为他应酬经验丰富，而让他来点菜，除非是他主动要求。否则，他会觉得不够体面。

如果你是赴宴者，你在点菜时不能太过主动，而是要让主人来点菜。如果对方盛情要求，你可以点一个不太贵、又不是大家忌口的菜。记得征询一下桌上人的意见，特别是问一下"有没有哪些是不吃的？"或是"比较喜欢吃什么？"让大家感觉被照顾到了。点菜后，可以请示"我点了菜，不知道是否合几位的口味"，"要不要再来点其他的什么"等等。

点菜时，一定要心中有数，可以遵守以下两个规则。

一看人员组成。一般来说，人均一菜是比较通用的规则。如果是男士较多的餐会可适当加量。

二看菜肴组合。一般来说，一桌菜最好是有荤有素，有冷有热，尽量做到全面。如果桌上男士多，可多点些荤食；如果女士较多，则可多点几道清淡的蔬菜。

3. 吃菜

中国人一般都很讲究吃，同时也很讲究吃相。

客人入席后，不要立即动手取食。而应待主人打招呼，由主人举杯示意开始时，客人才能开始；客人不能抢在主人前面。夹菜要文明，应等菜肴转到自己面前时，再动筷子，不要抢在邻座前面，一次夹菜也不宜过多。要细嚼慢咽，这不仅有利于消化，也是餐桌上的礼仪要求。决不能大块往嘴里塞，狼吞虎咽，这样会给人留下贪婪的印象。不要挑食，不要只盯住自己喜欢的菜吃，或者急忙把喜欢的菜堆在自己的盘子里。用餐的动作要文雅，夹菜时不要碰到邻座，不要把盘里的菜拨到桌上，不要把汤泼翻。不要发出不必要的声音，如喝汤时"咕噜咕噜"，吃菜时嘴里"叭叭"作响，这都是粗俗的表现。不要一边吃东西，一边和人聊天。嘴里的骨头和鱼刺不要吐在桌子上，可用餐巾掩口，用筷子取出来放在碟子里。掉在桌子上的菜，不要再吃。进餐过程中不要玩弄碗筷，或用筷子指向别人。不要用手去嘴里乱抠。用牙签剔牙时，应用手或餐巾掩住嘴。不要让餐具发出任何声响。

用餐结束后，可以用餐巾、餐巾纸或服务员送来的小毛巾擦擦嘴，但不宜擦头颈或胸脯；餐后不要不加控制地打饱嗝或嗳气。在主人还没示意结束时，客人不能先离席。

吃菜时还要注意正确使用筷子。

首先是要正确摆放。筷子的摆放是很有讲究的。筷子通常应纵放（横放表示进餐完毕）在餐盘旁边的筷架上，不能放在盘缘或碗缘上。筷子是成双成对的，在摆放时应比齐，不要一横一竖交叉摆放，也不要大、小头颠倒摆放，且筷子的大头应离桌边 1—2 厘米。在用餐时，如需临时离开，应把筷子轻轻搁在筷架上，切不可插在饭碗里。

其次是轻拿轻放。在餐前放筷子时，应事先将手洗净，然后将筷子一双双理顺，轻轻放在每一个人的餐位前，切不可随便扔掷。在等待就餐时切忌用筷子击碗敲桌。

最后是文明用筷。筷子是就餐工具，一定要讲究用筷的礼节，注意"用筷十忌。

一忌迷筷，犹豫不决，不知该如何下箸。

二忌搅筷，用筷子搅动碗中的菜肴，挑菜拣食。

三忌刺筷，以筷当叉戳食。

四忌碎筷，持筷撕拉口中的菜、肉。

五忌泪筷，一面滴着汤汁，一面把菜夹进嘴中。

六忌剔筷，用筷子当牙签剔牙缝里的菜肴。

七忌舔筷，用嘴舔筷子。

八忌架筷，把筷子架在碗上或插在饭碗中。

九忌传筷，利用自己用过的筷子传递菜肴。

十忌指筷，持筷说话指人。

请人用菜时，不要把筷子戳向别人面前。在夹菜时，还要注意避开别人筷锋，以免筷子打架。

4. 倒茶

这里所说的倒茶学问既适用于客户来公司拜访，同样也适用于商务餐桌。

首先，茶具要清洁。客人进屋后，先让座，后备茶。冲茶之前，一定要把茶具洗干净，尤其是久置未用的茶具，难免沾上灰尘、污垢，更要细心地用清水洗刷一遍。在冲茶、倒茶之前最好用开水烫一下茶壶、茶杯。这样，既讲究卫生，又显得彬彬有礼。如果不管茶具干净不干净，胡乱给客人倒茶，这是不礼貌的表现。人家一看到茶壶、茶杯上的斑斑污迹就反胃，怎么还愿意喝你的茶呢？现在大多数公司都用一次性杯子，在倒茶前要注意给一次性杯子套上杯托，以免水热烫手，让客人一时无法端杯喝茶。

其次，茶水要适量。先说茶叶，一般要适当。茶叶不宜过多，也不宜太少。茶叶过多，茶味过浓；茶叶太少，冲出的茶没啥味道。假如客人主动介绍自己喜欢喝浓茶或淡茶，那就按照客人的习惯把茶冲好。装茶时，用茶匙向空壶内装入茶叶，通常按照茶叶的品种决定投放量。切忌用手抓茶叶，以免手气或杂味混淆影响茶叶的品质。再说倒茶，无论是大杯小杯，都不宜倒得太满，太满了容易溢出，把桌子、凳子、地板弄湿。不小心，还会烫伤自己或客人的手脚，使宾主都很难为情。当然，也不宜倒得太少。倘若茶水只遮过杯底就端给客人，会使人觉得是在装模作样，不是诚心实意。

再次，端茶要得法。要用双手给客人端茶。双手端茶也要很注意，对有杯耳的茶杯，通常是用一只手抓住杯耳，另一只手托住杯底，把茶端给客人。没有杯耳的茶杯倒满茶之后周身滚烫，双手不好接近，有的人不管三七二十一，用五指捏住杯口边缘就往客人面前送。这种端茶方法虽然可以防止烫伤事故发生，但很不雅观，也不够卫生。

如果上司和客户的杯子里需要添茶了，你要义不容辞地去做。你可以示意服务生来添茶，或让服务生把茶壶留在餐桌上，由你自己亲自来添则更好，这是不知道该说什么好的时候最好的掩饰办法。当然，添茶的时候要先给上司和客户添茶，最后再给自己添。